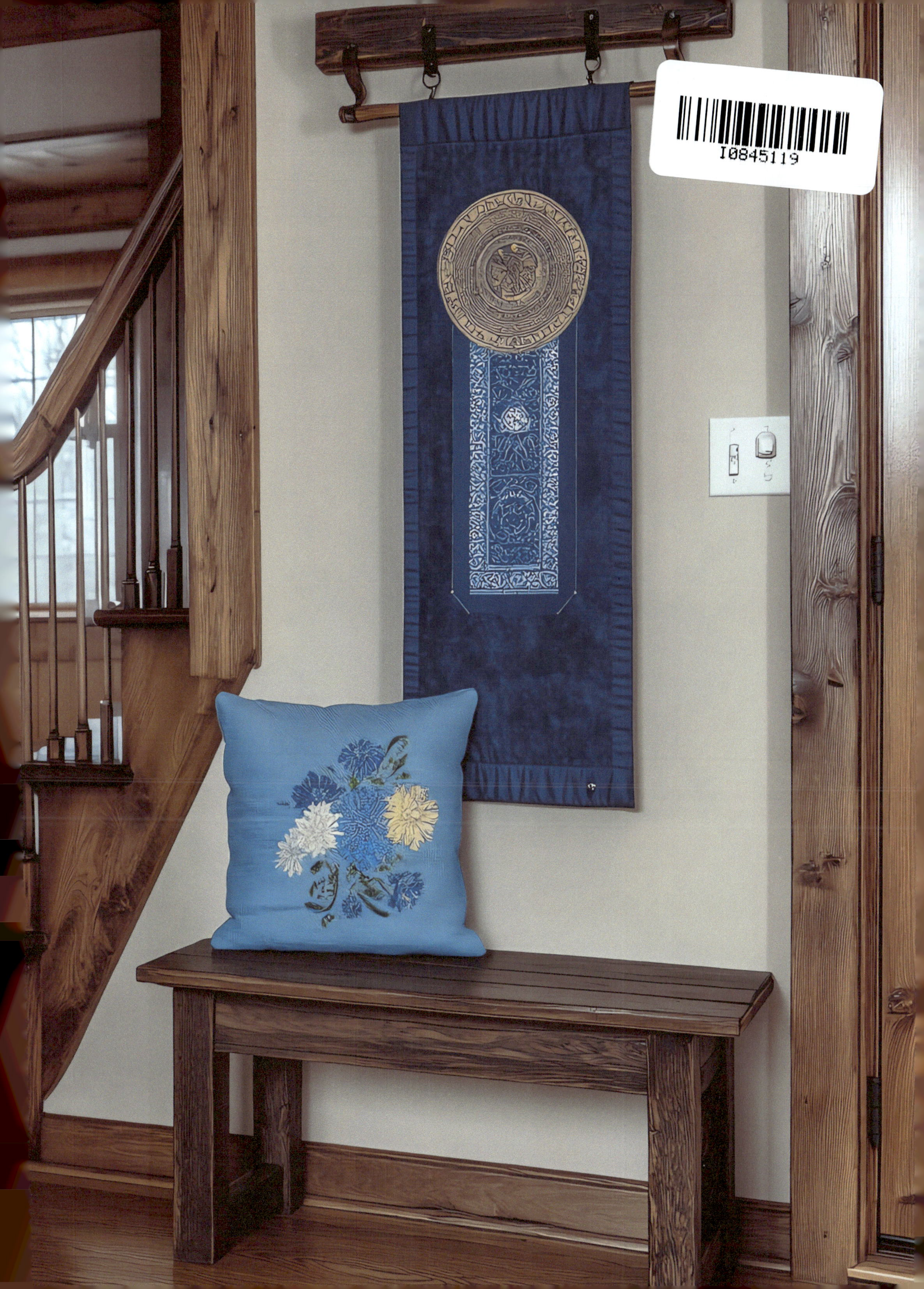
I0845119

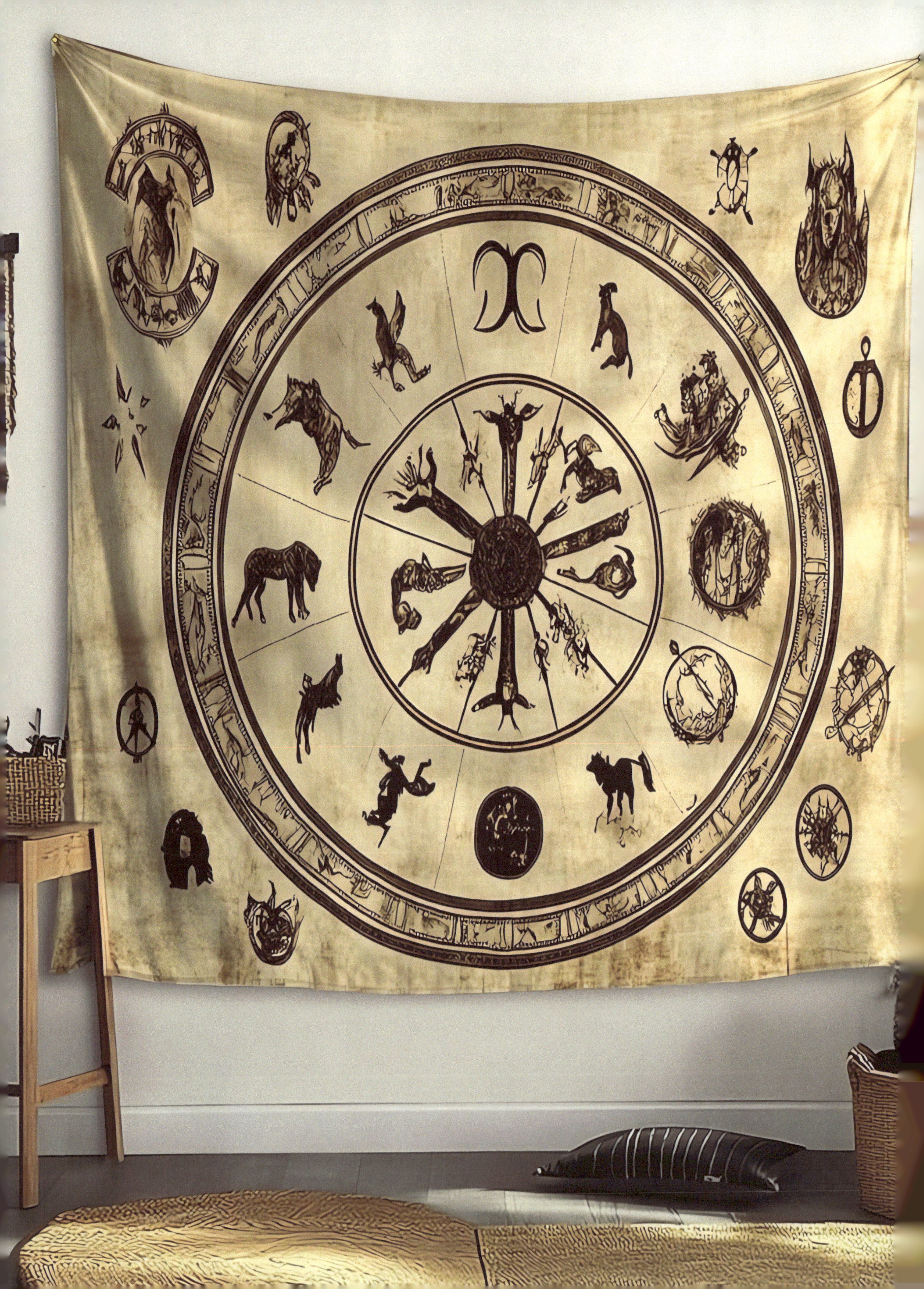

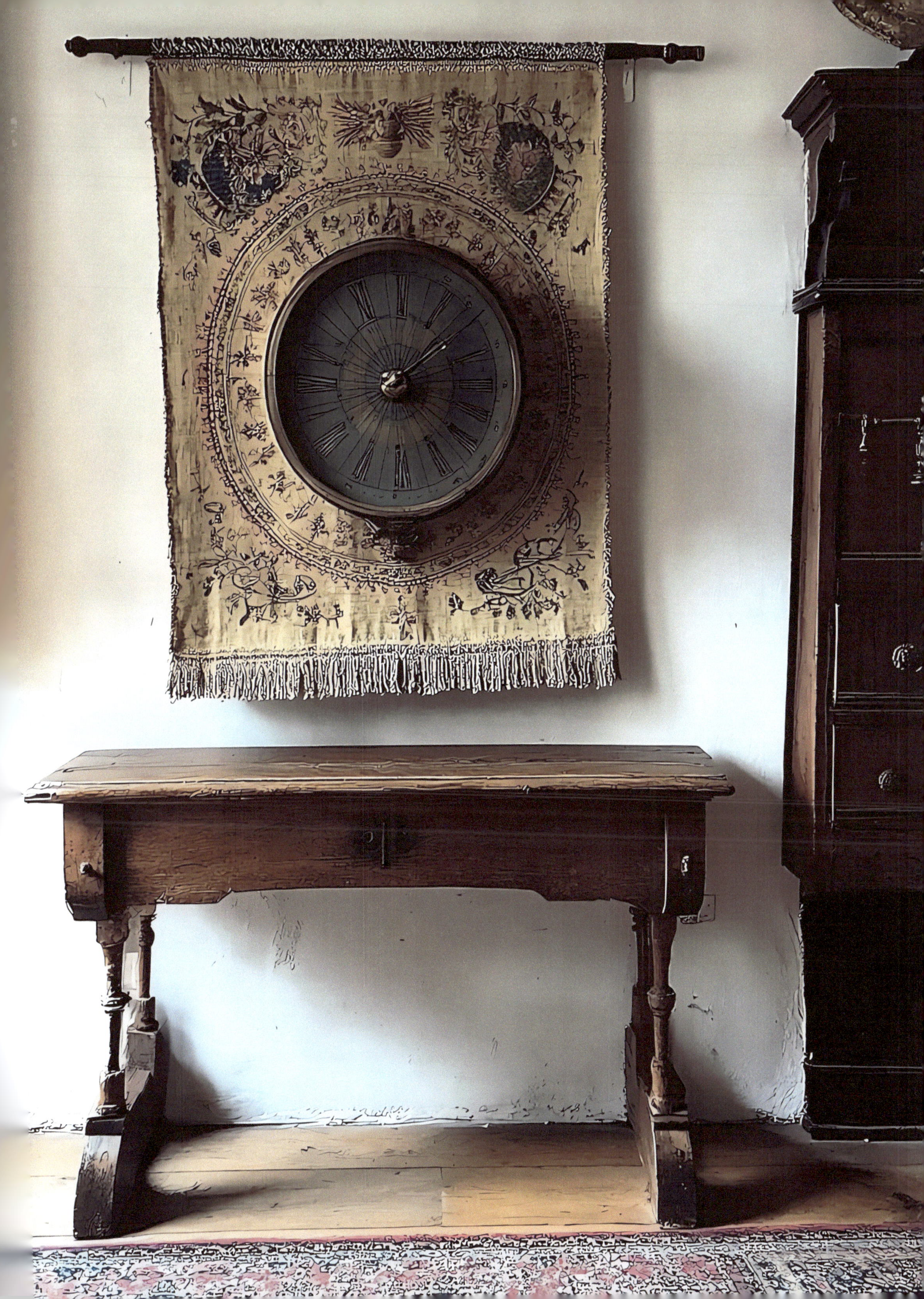

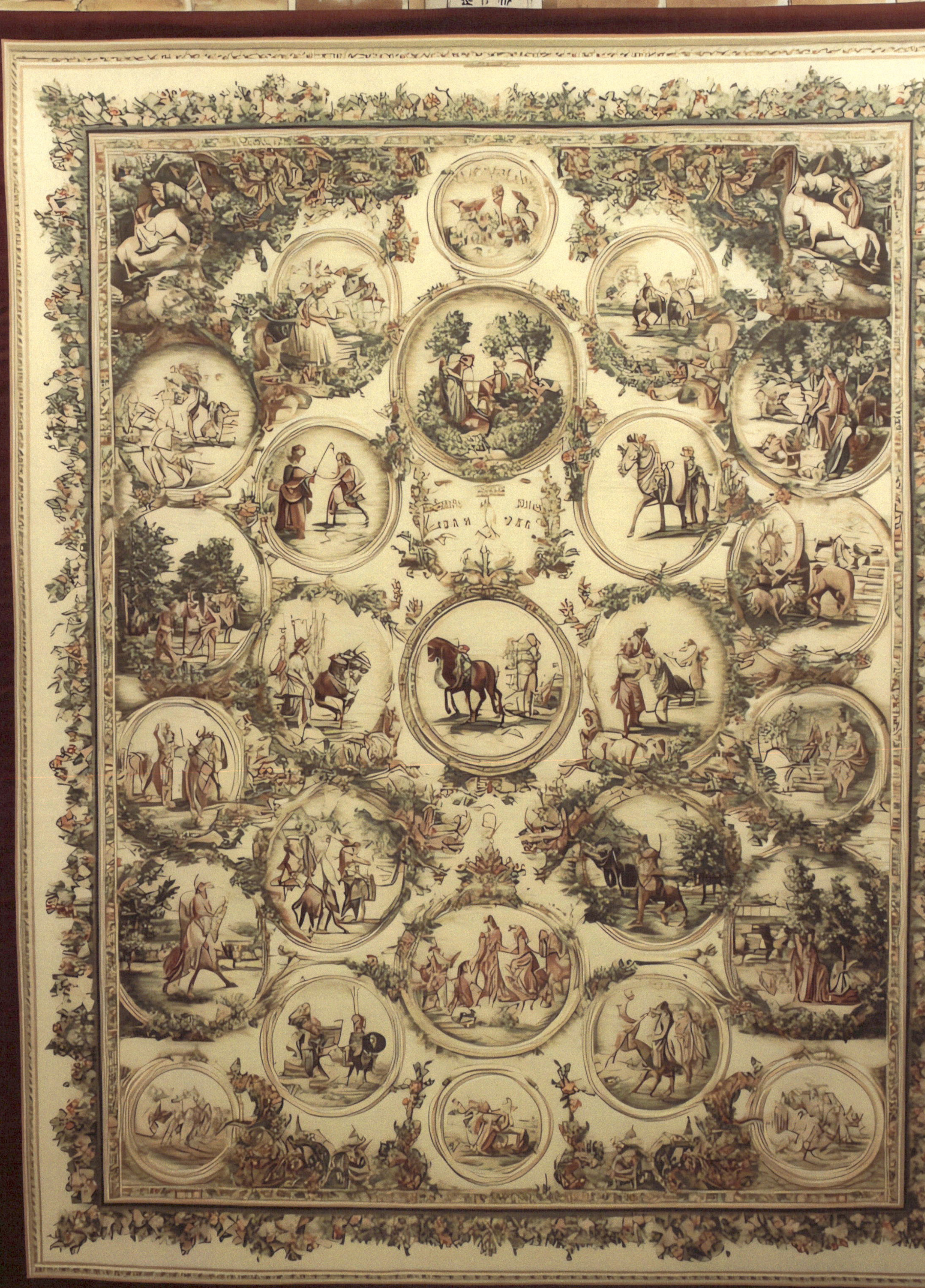

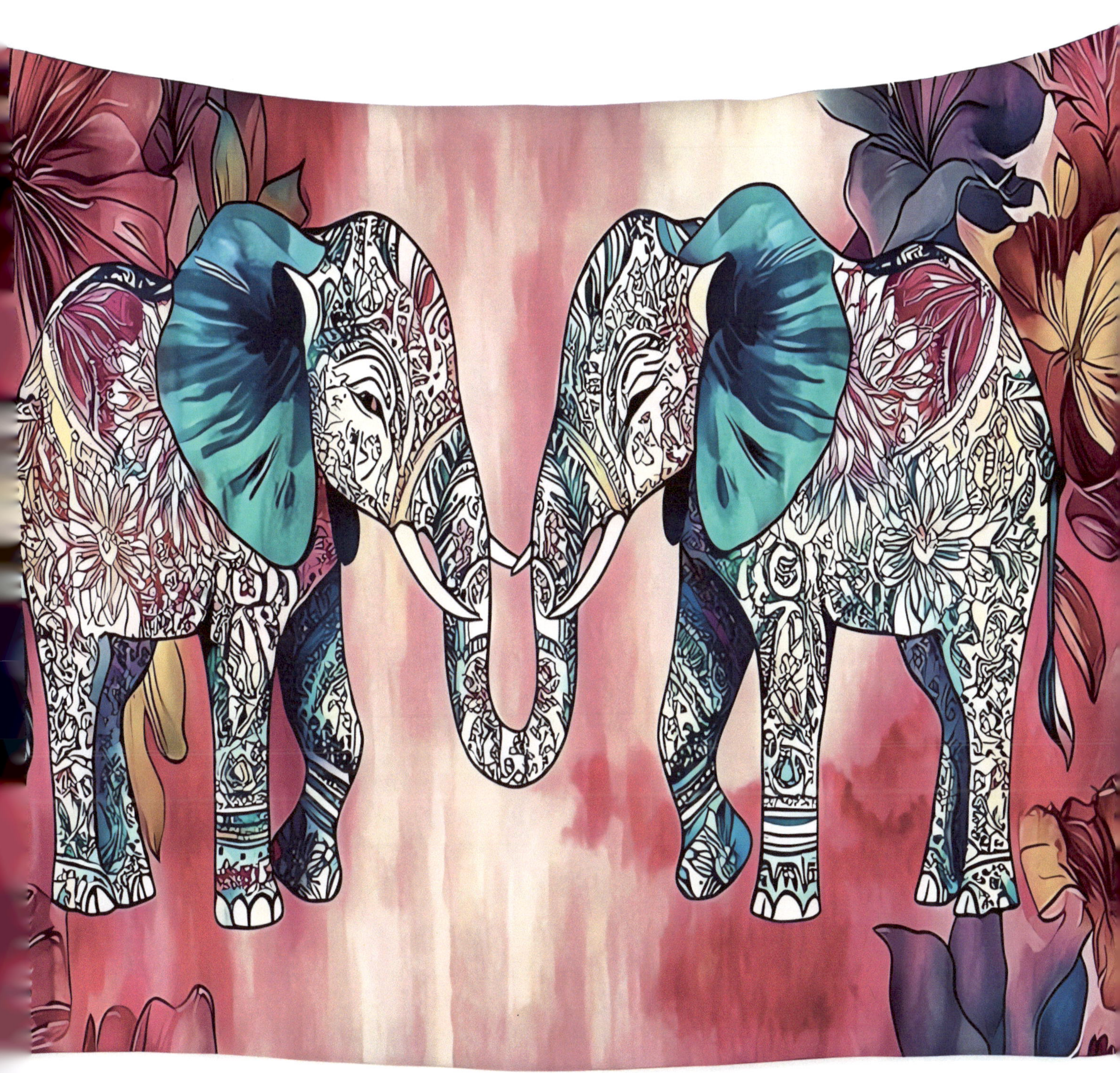

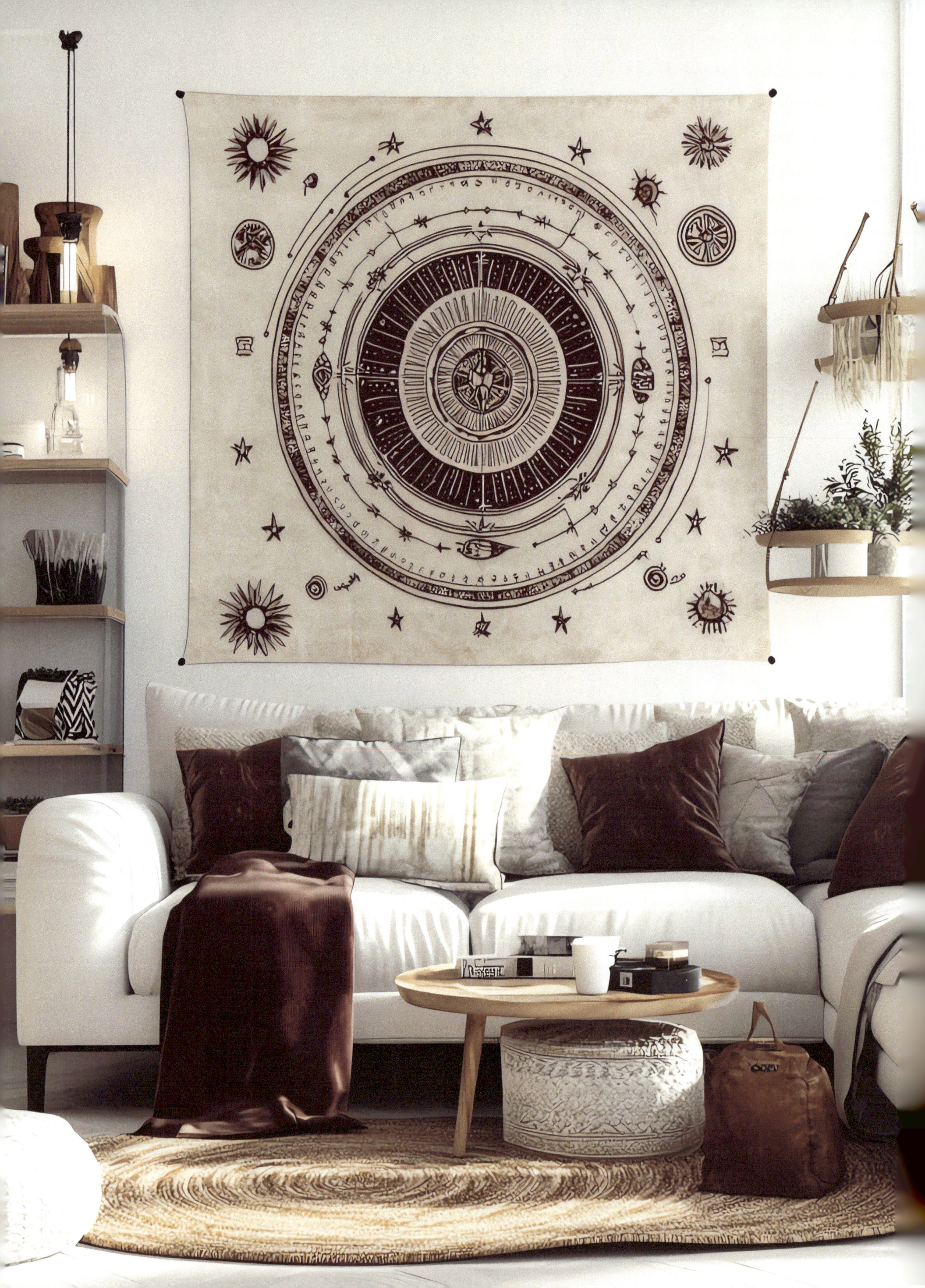

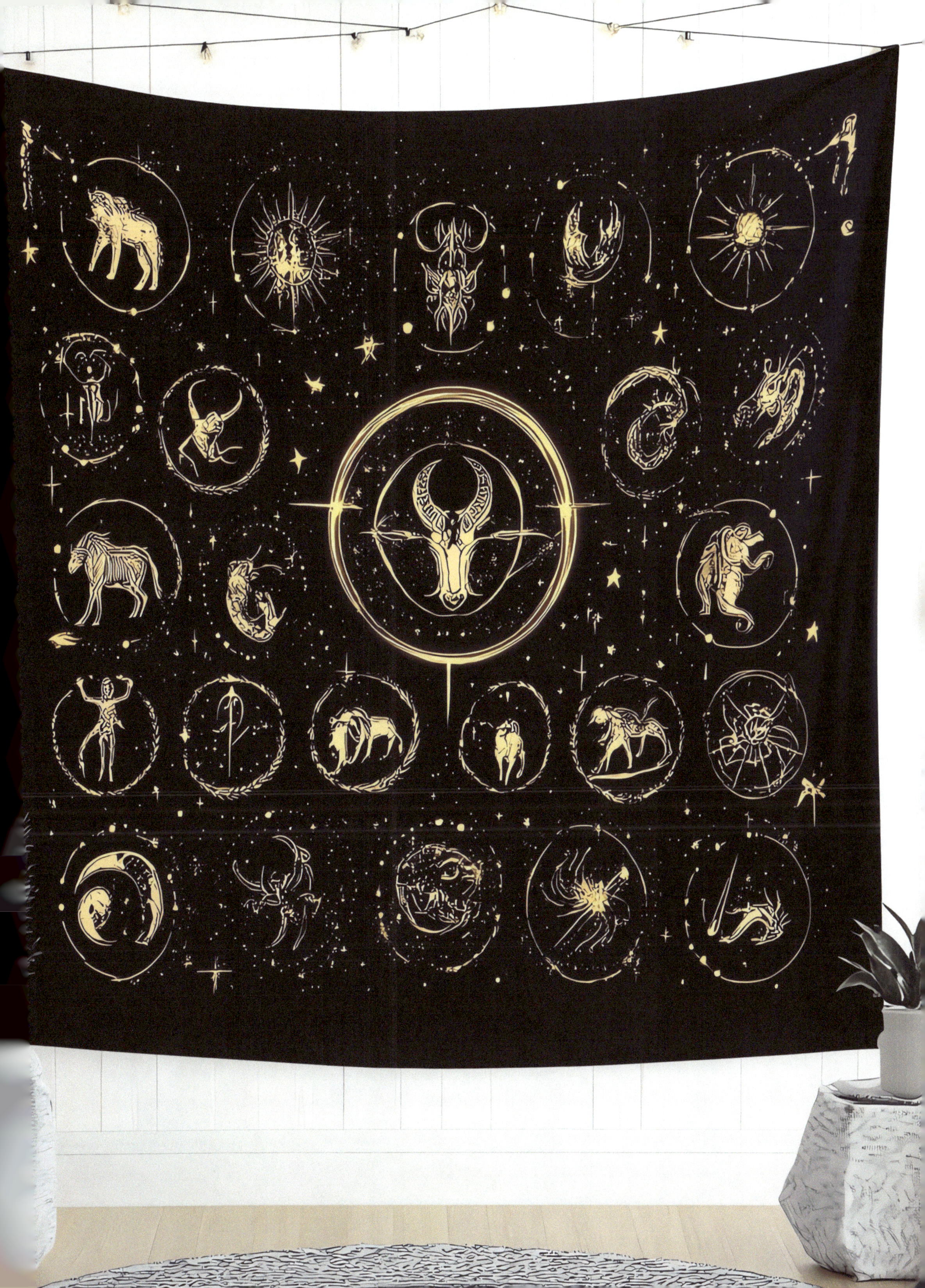

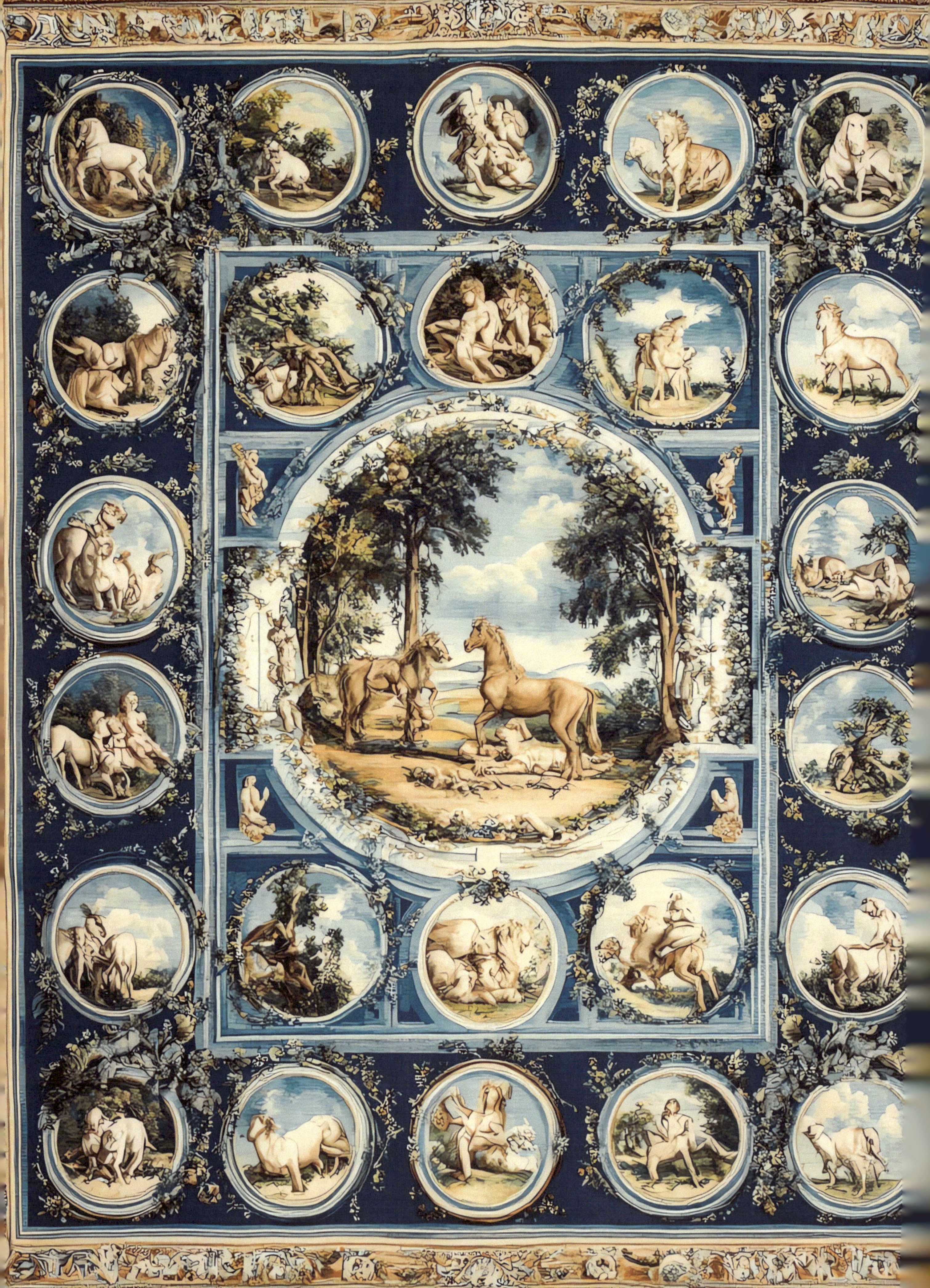

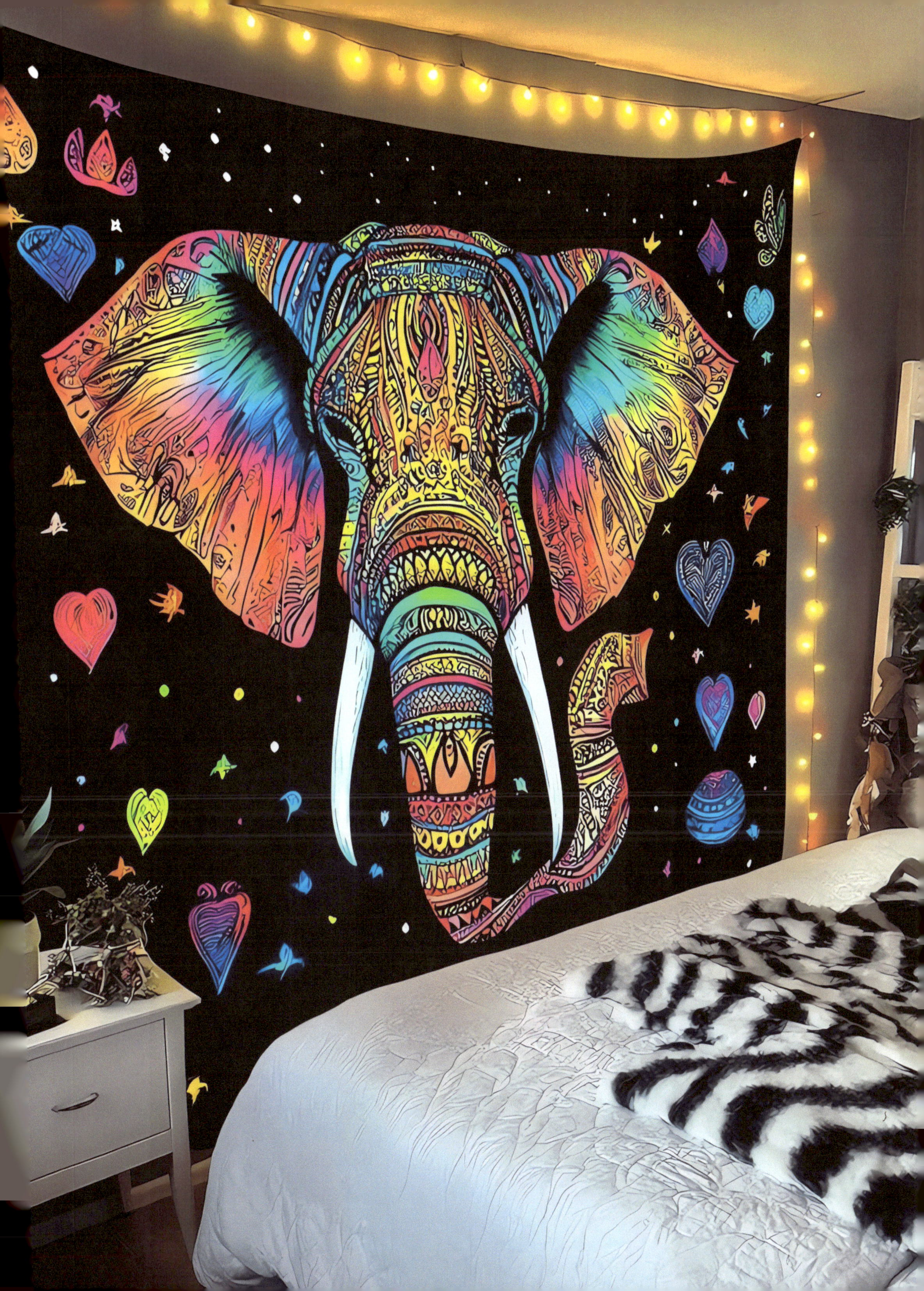

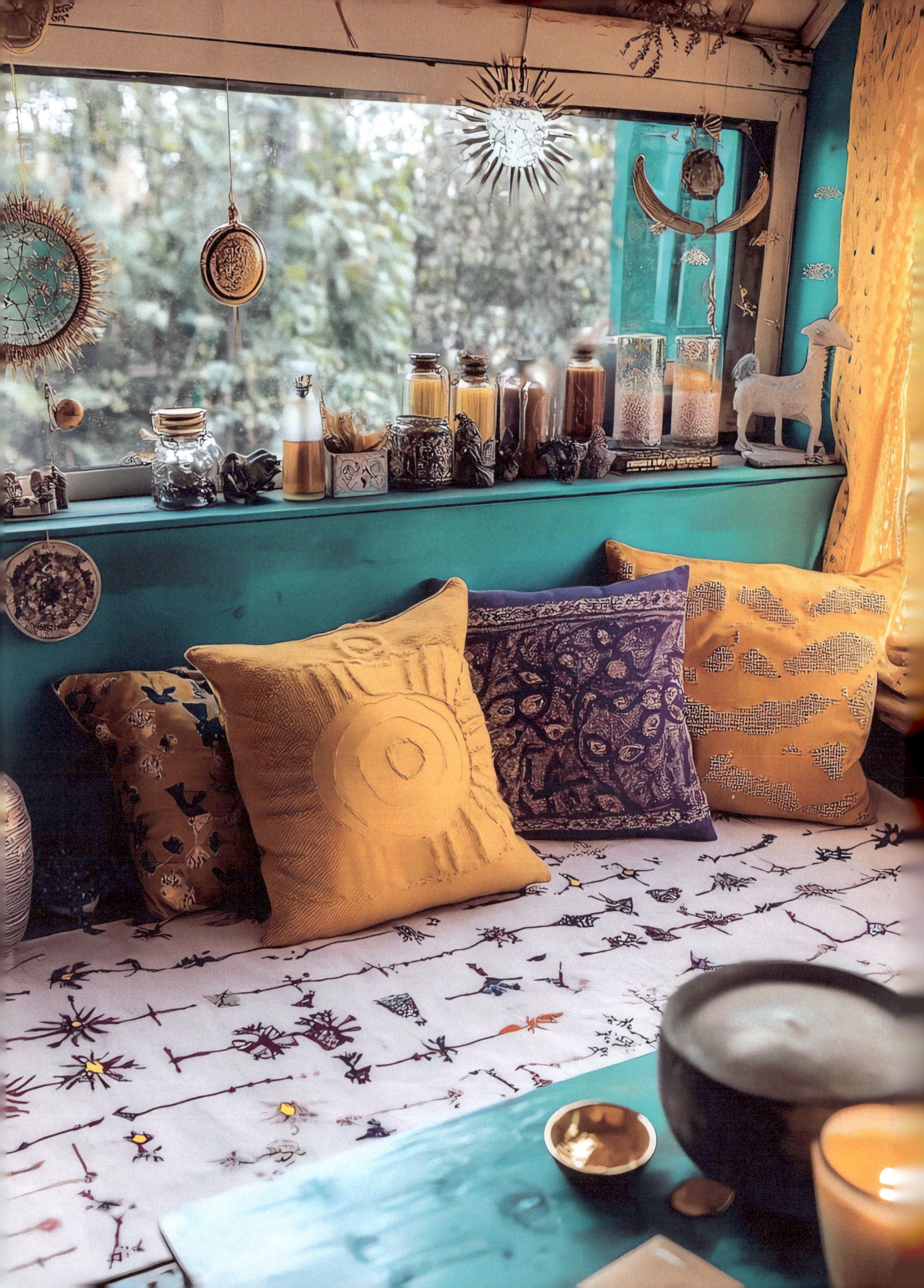

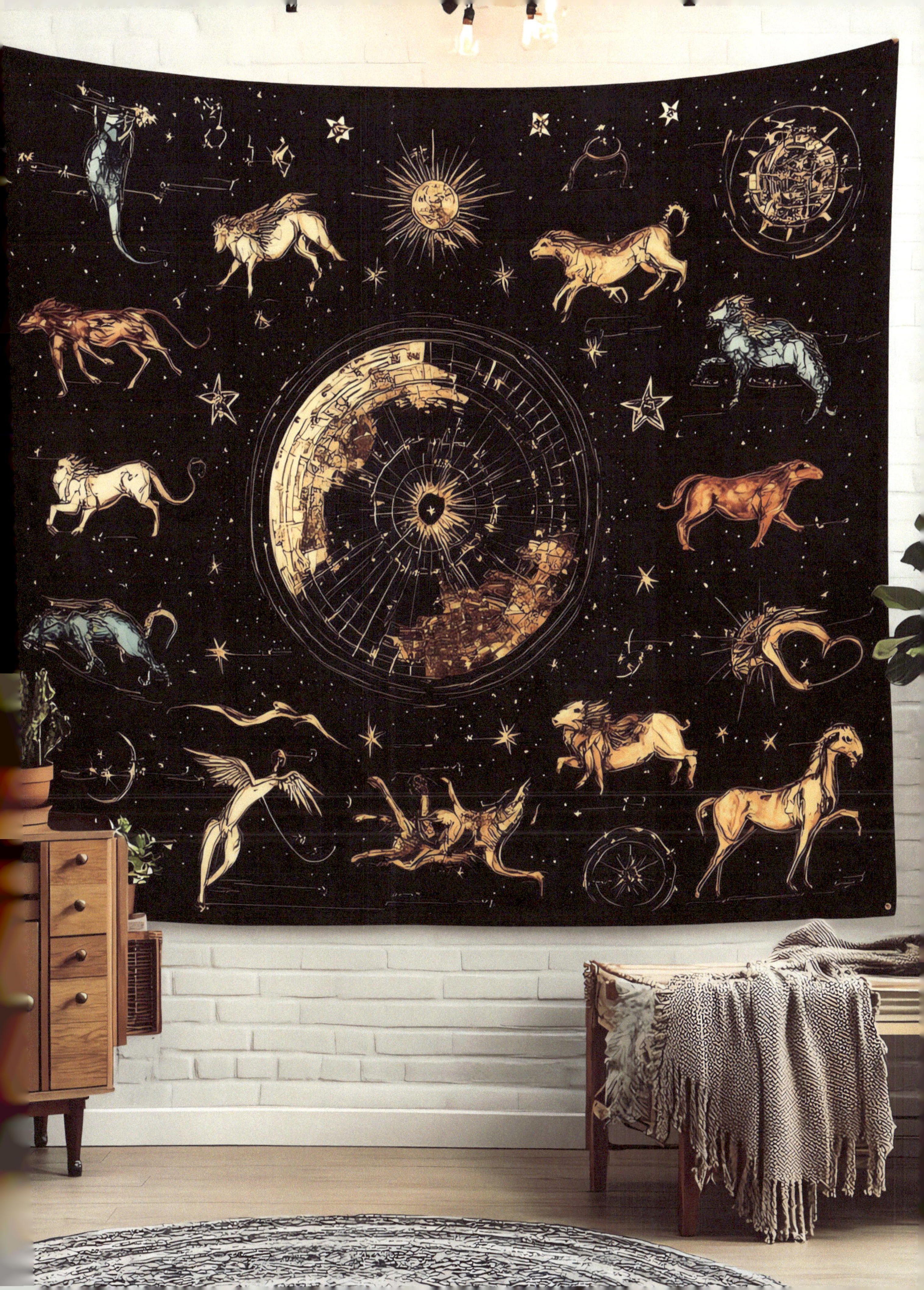

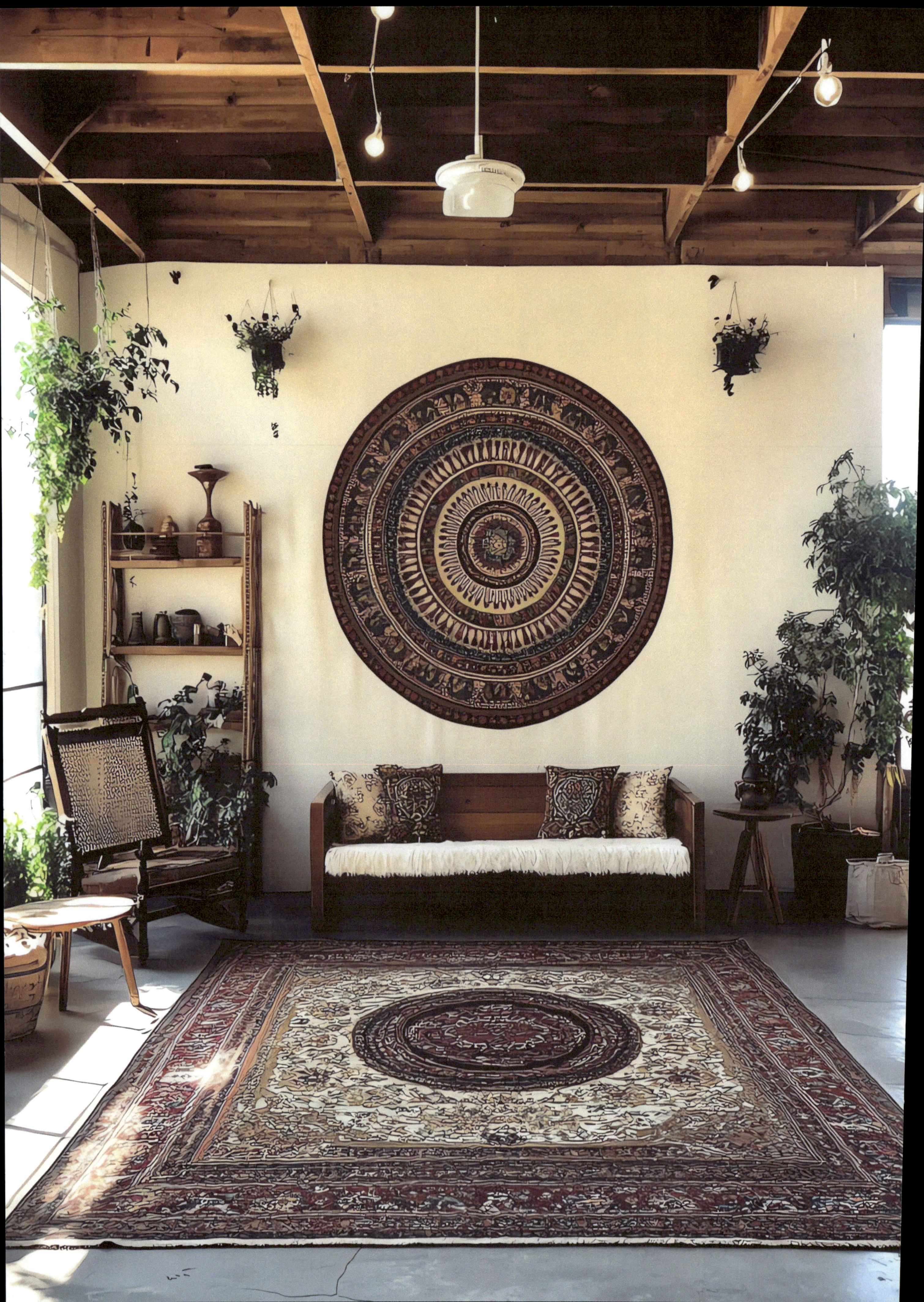

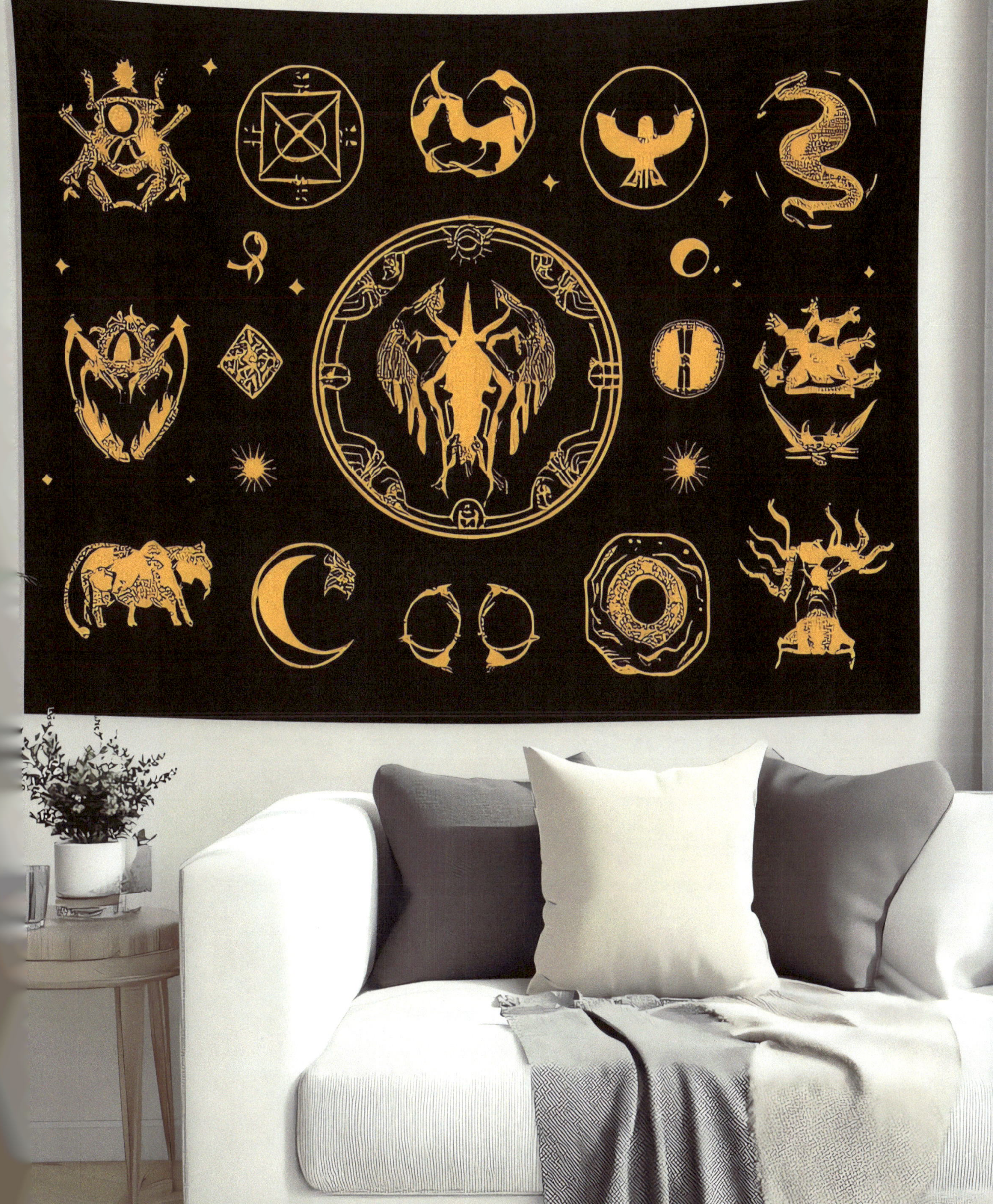

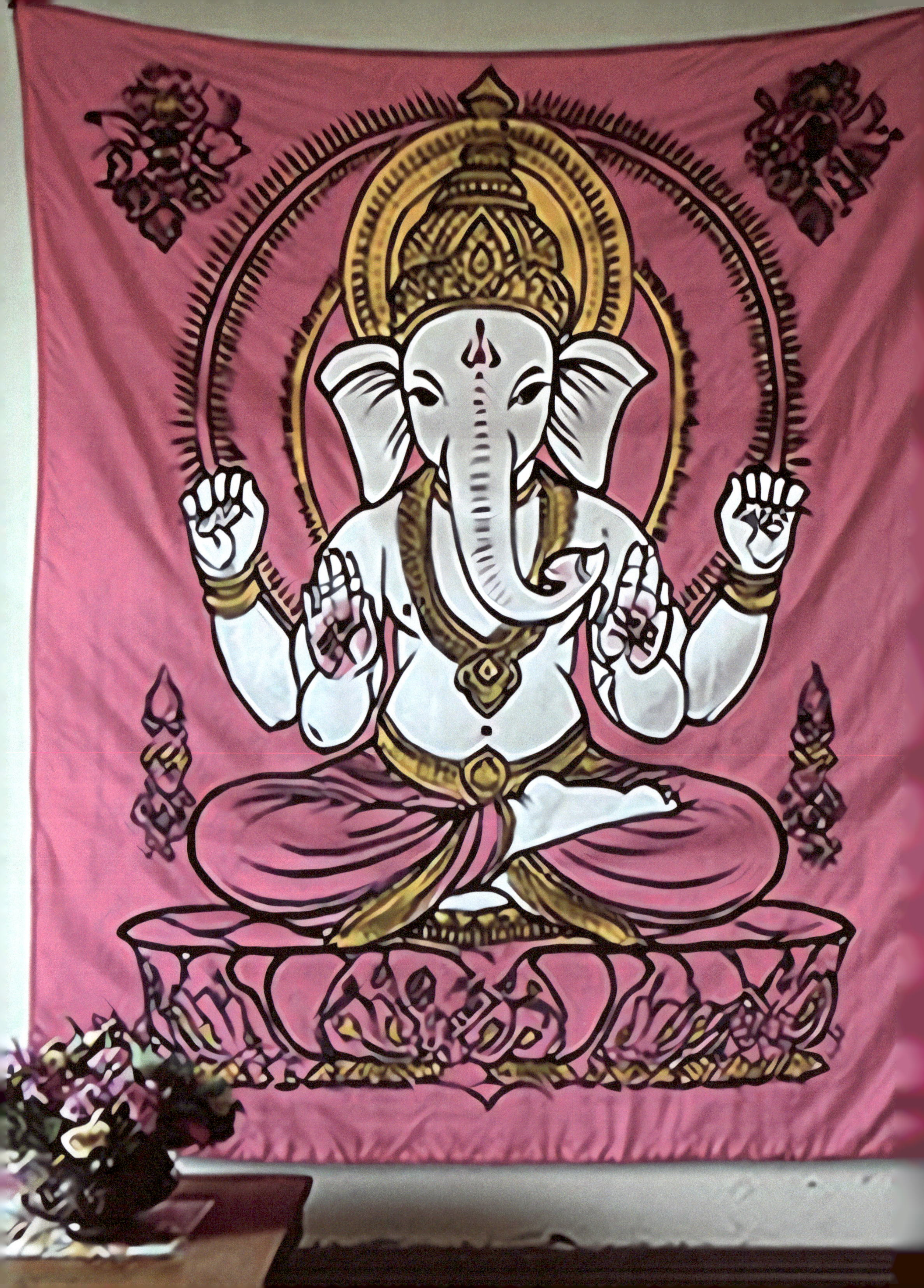

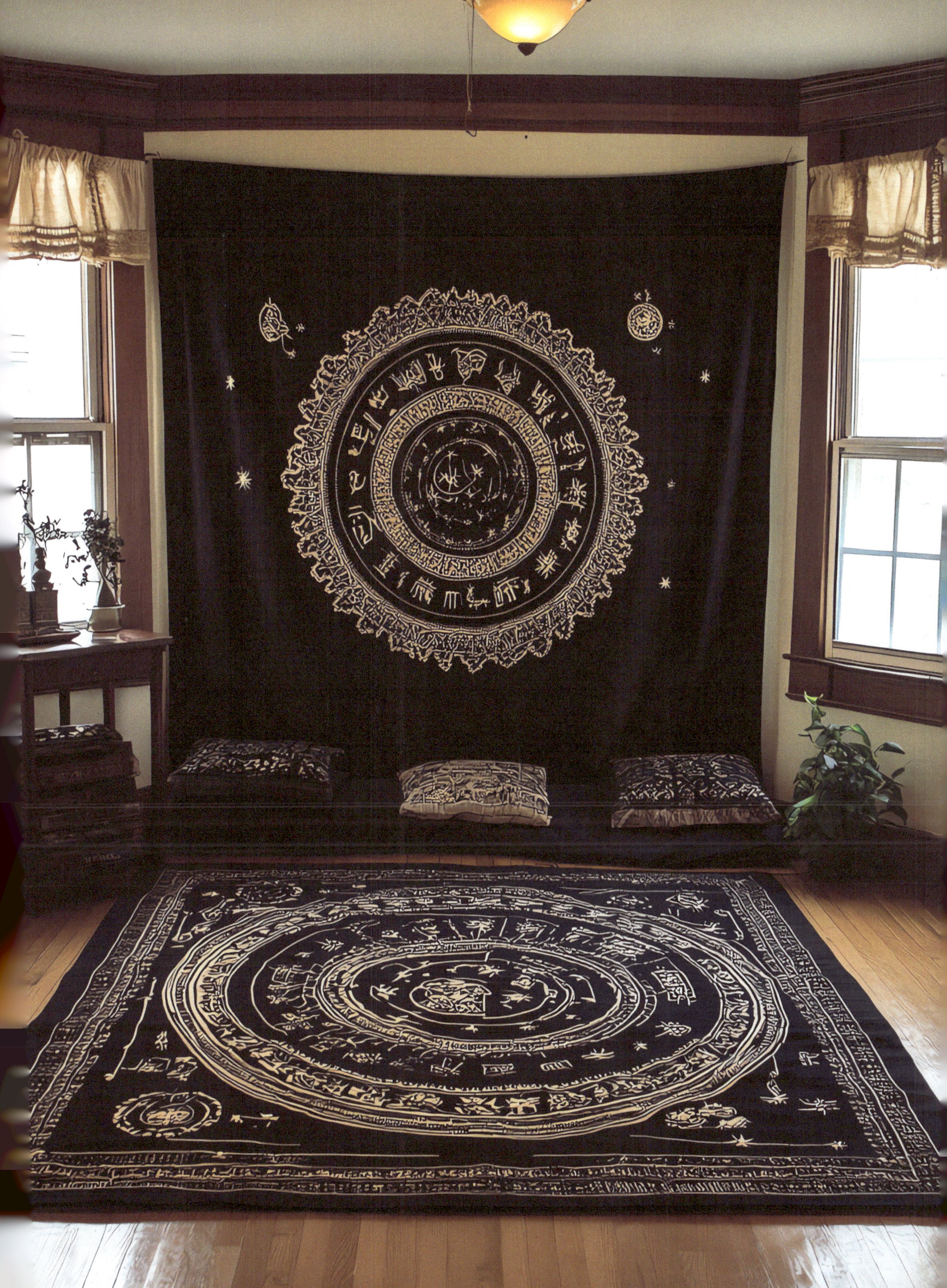

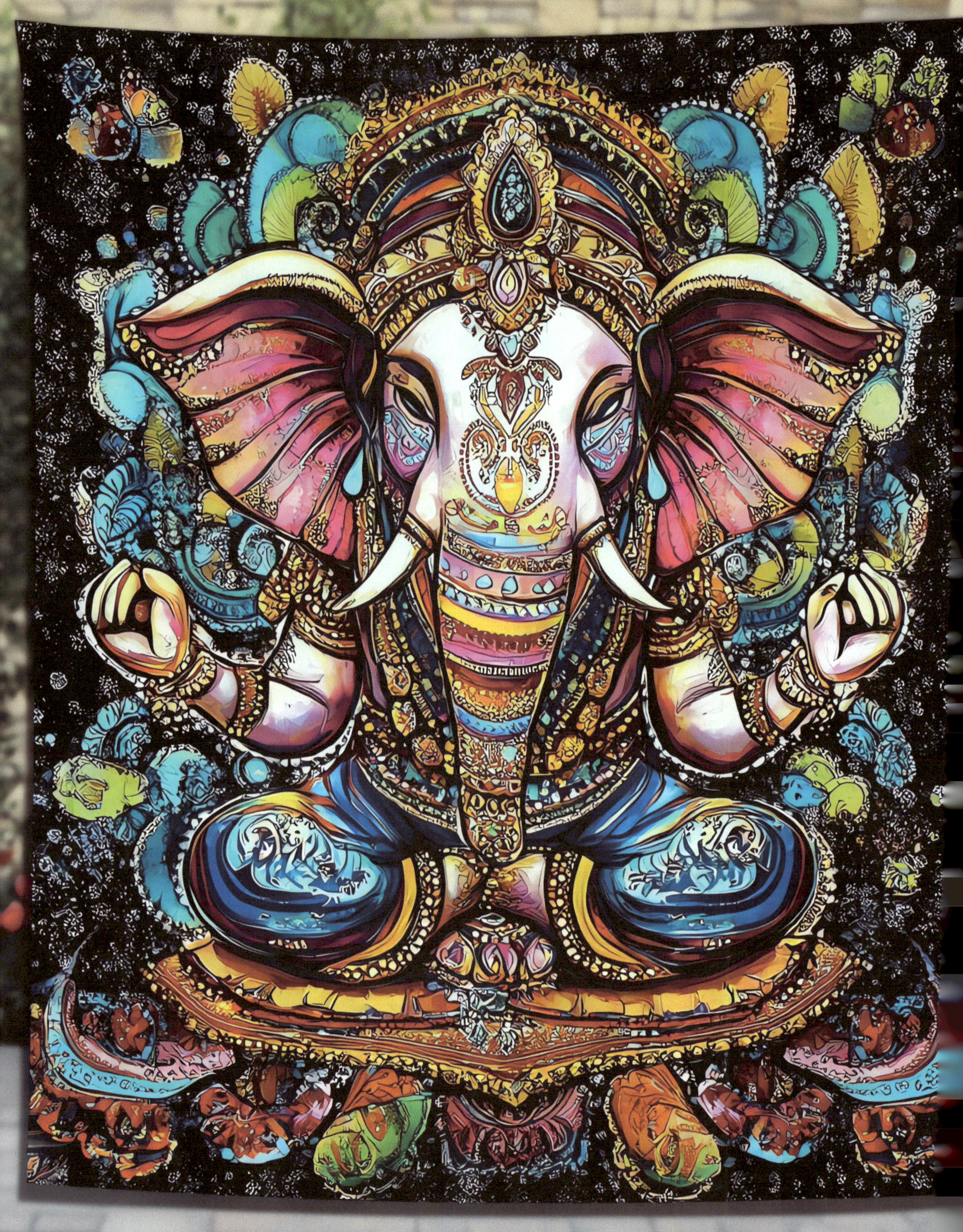

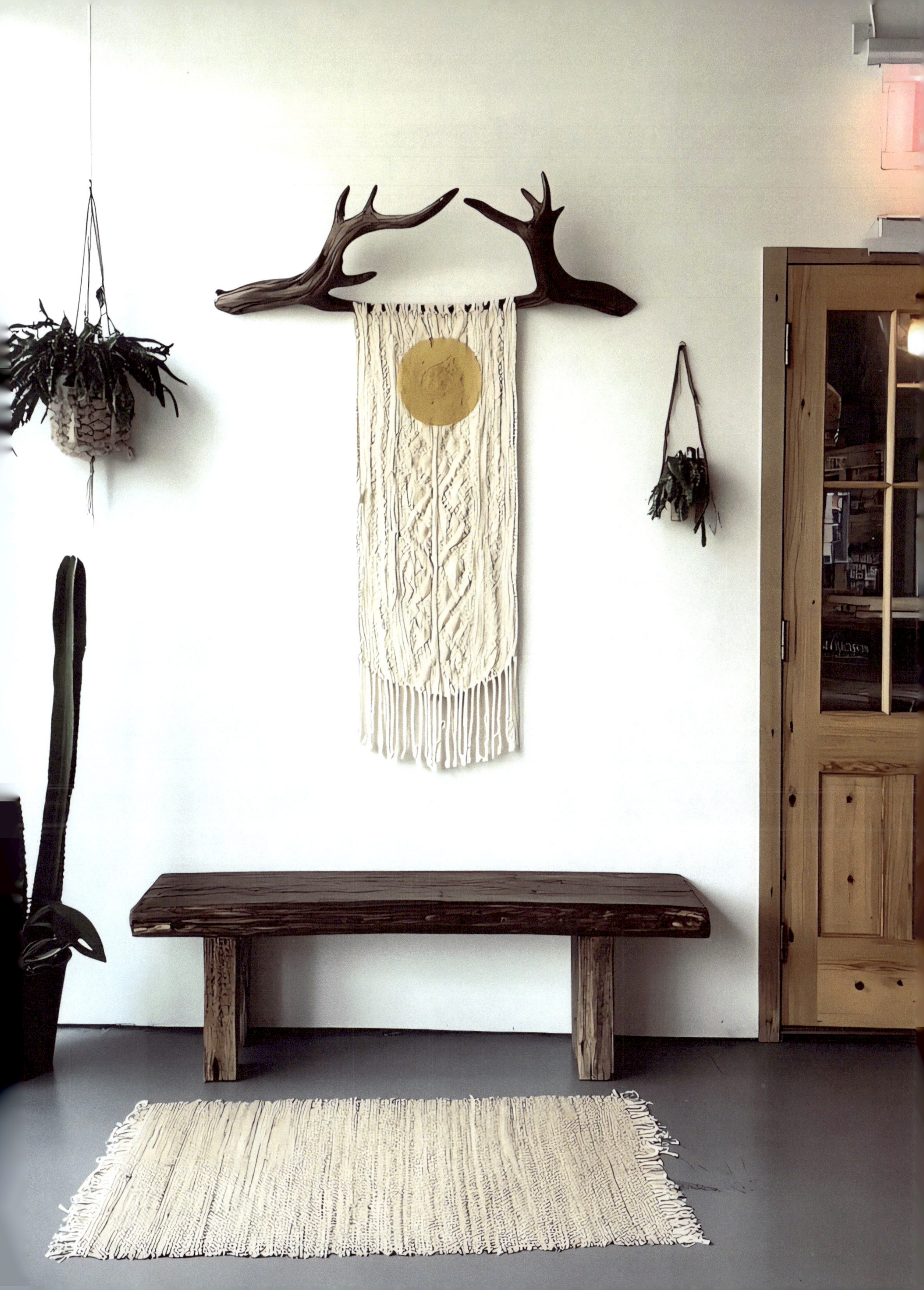

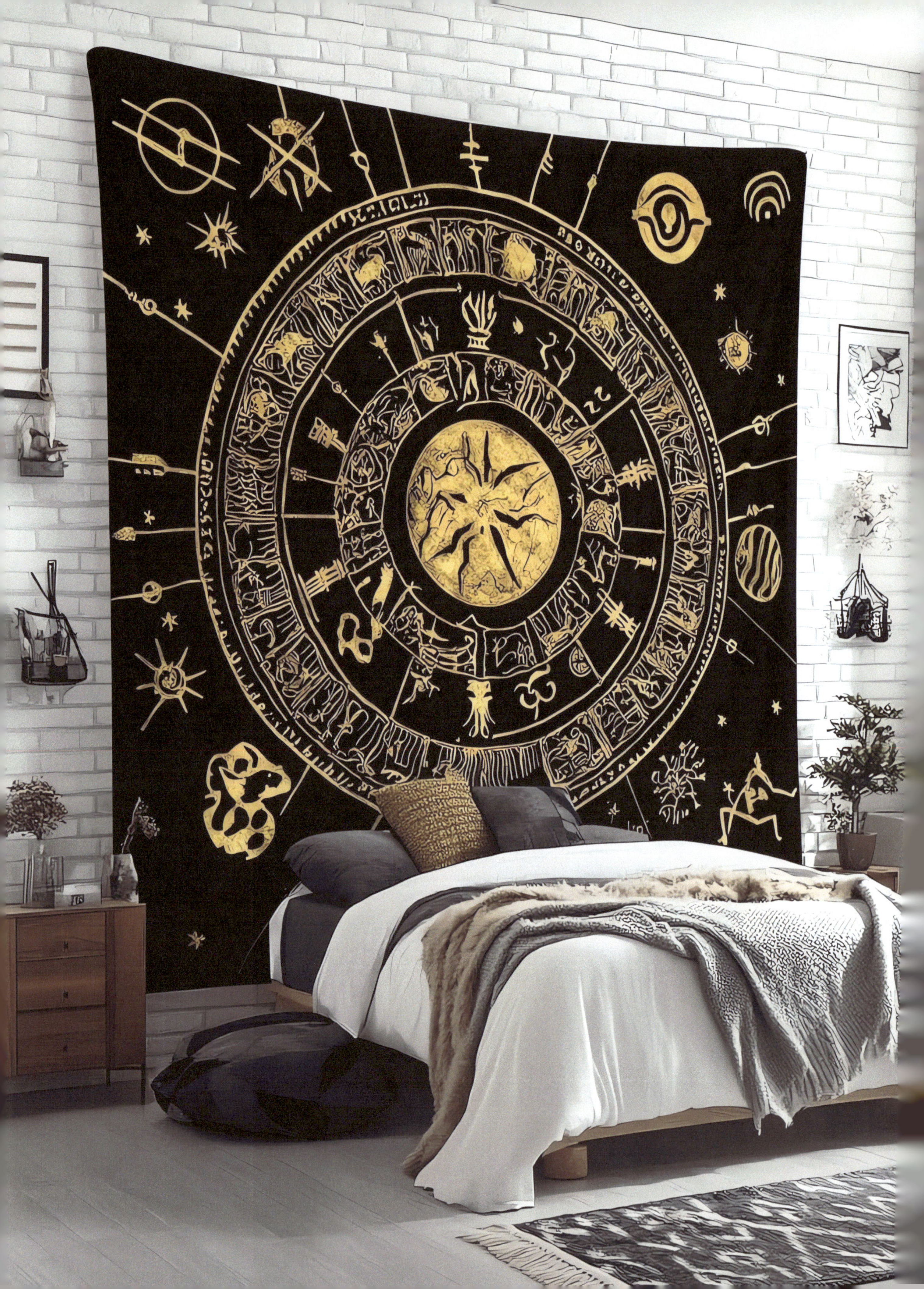

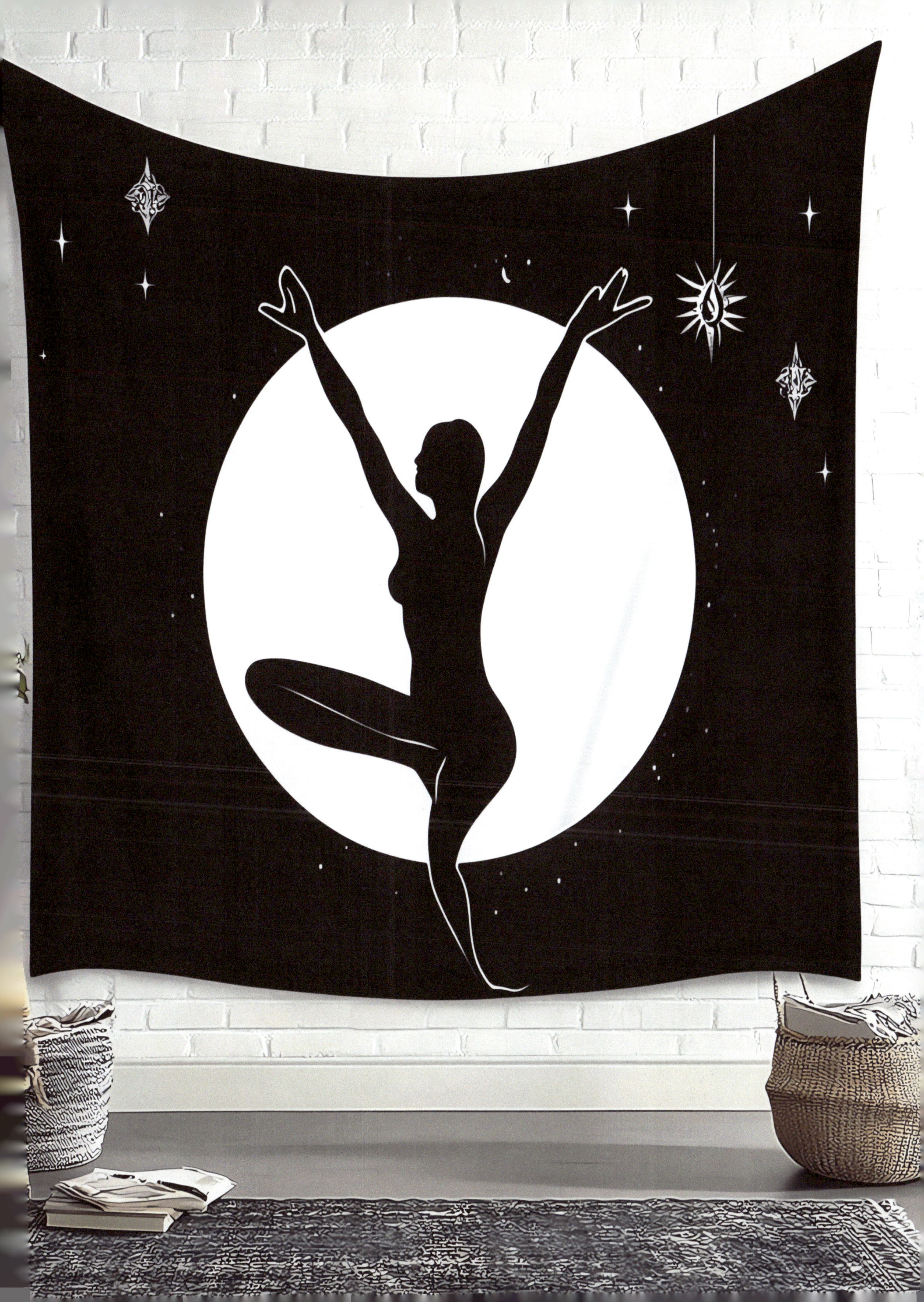

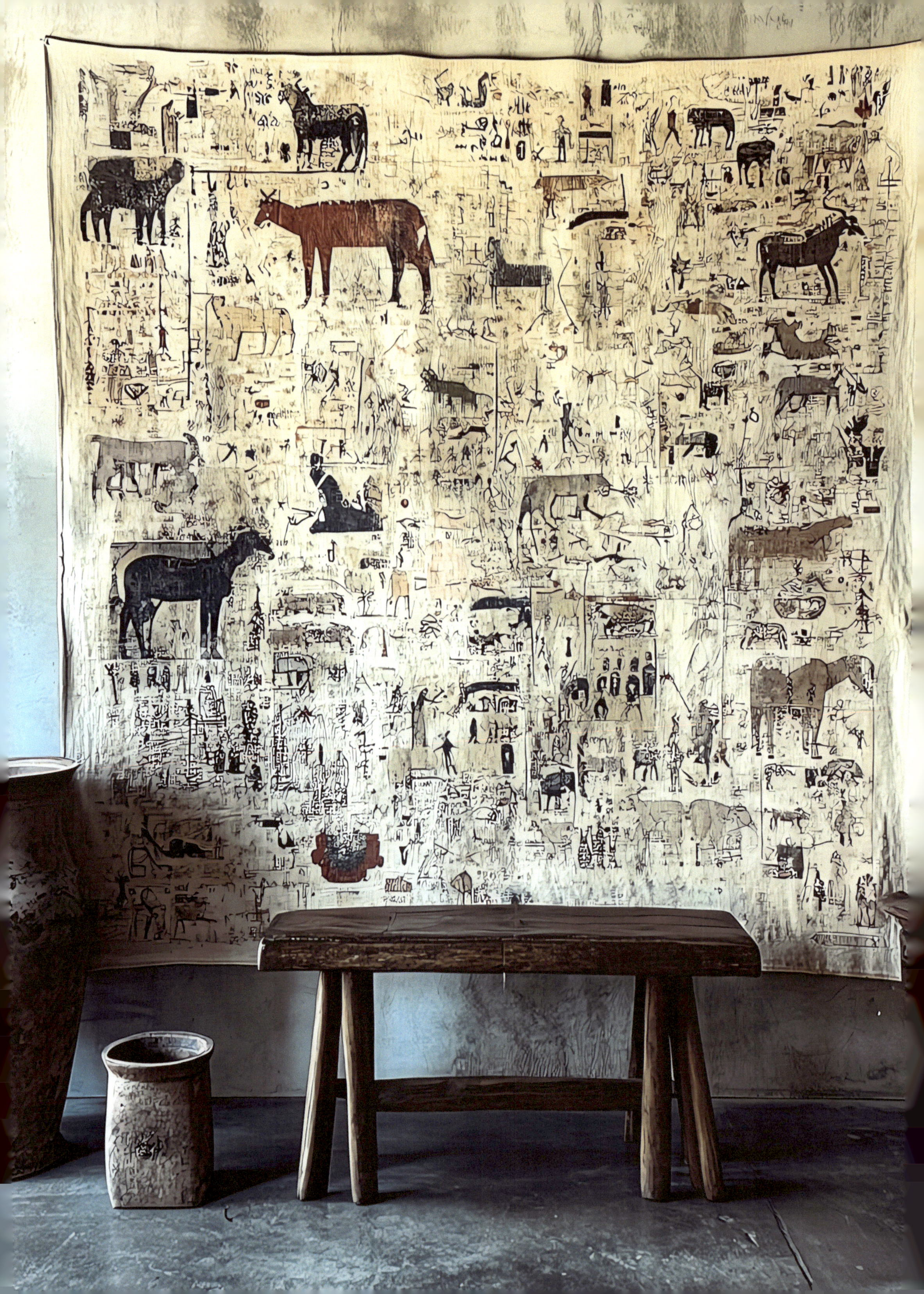

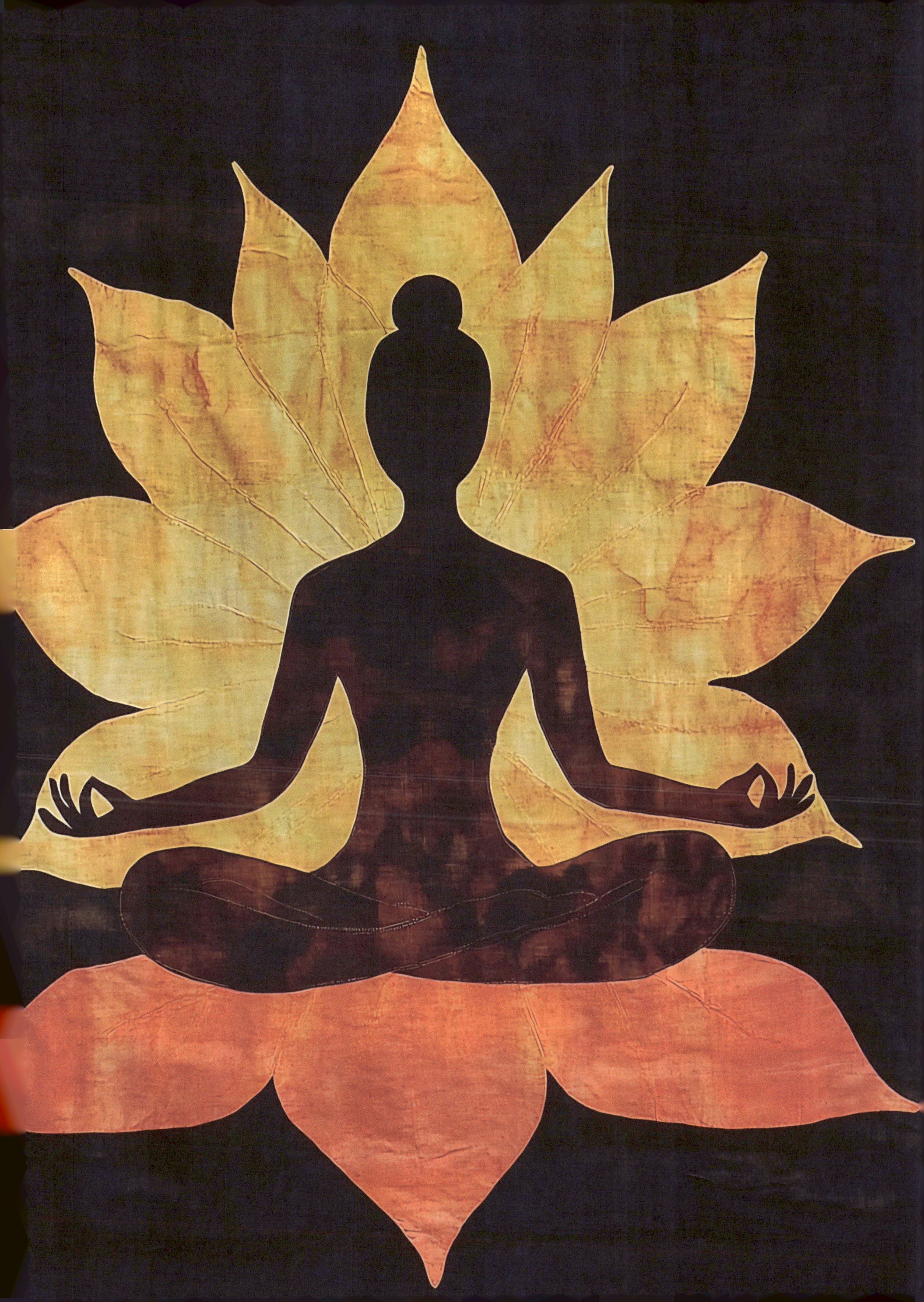

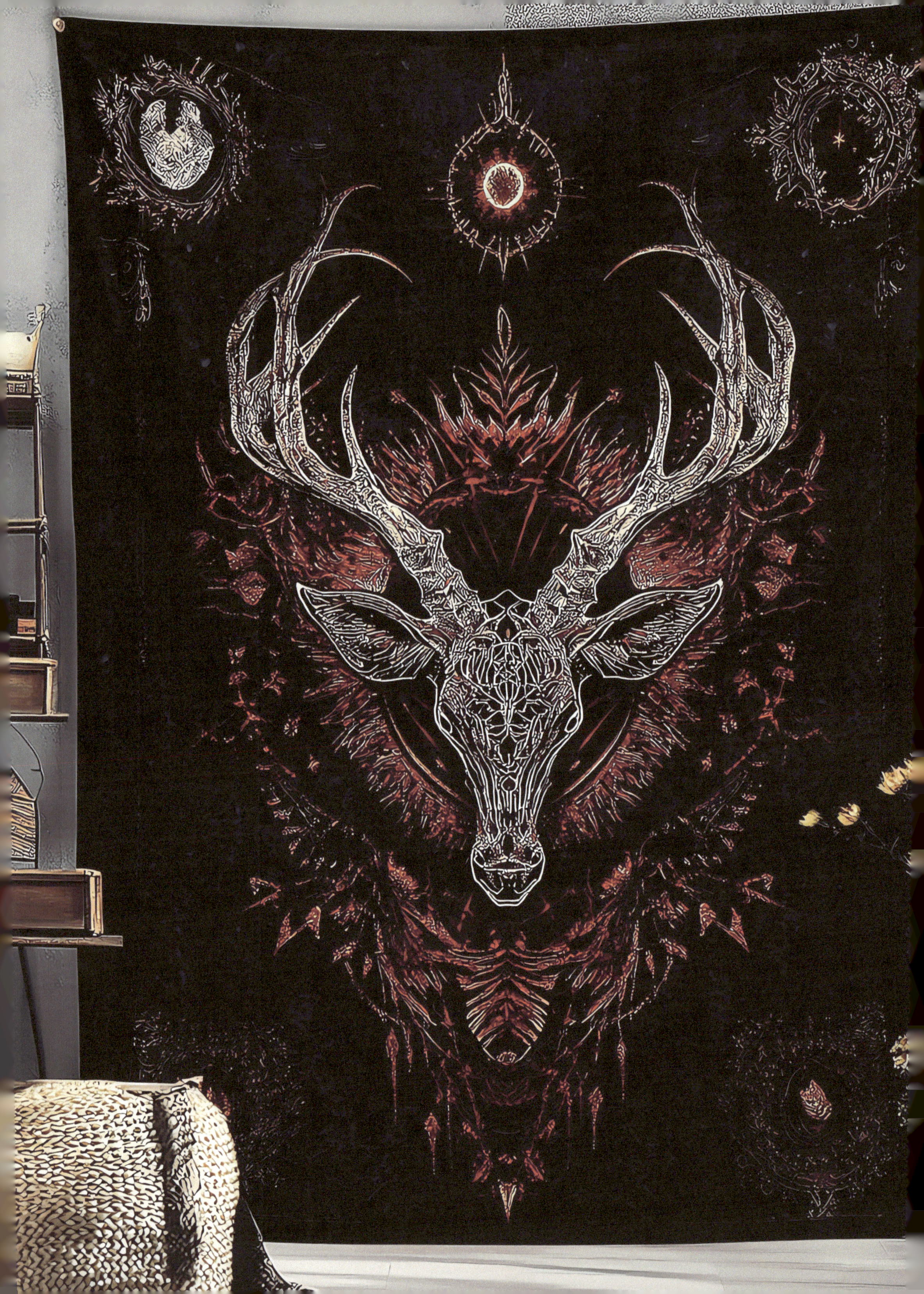

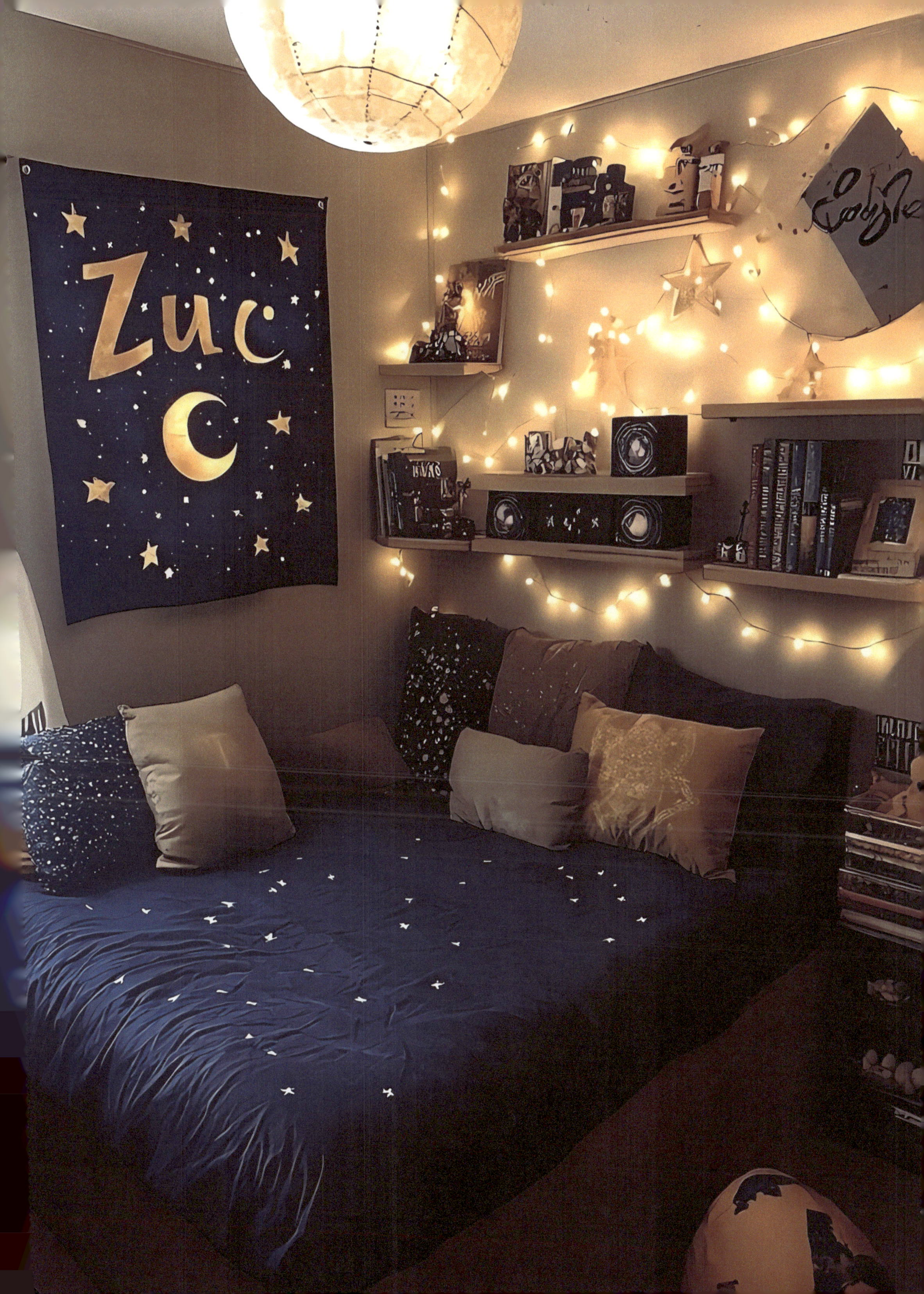

Zuc

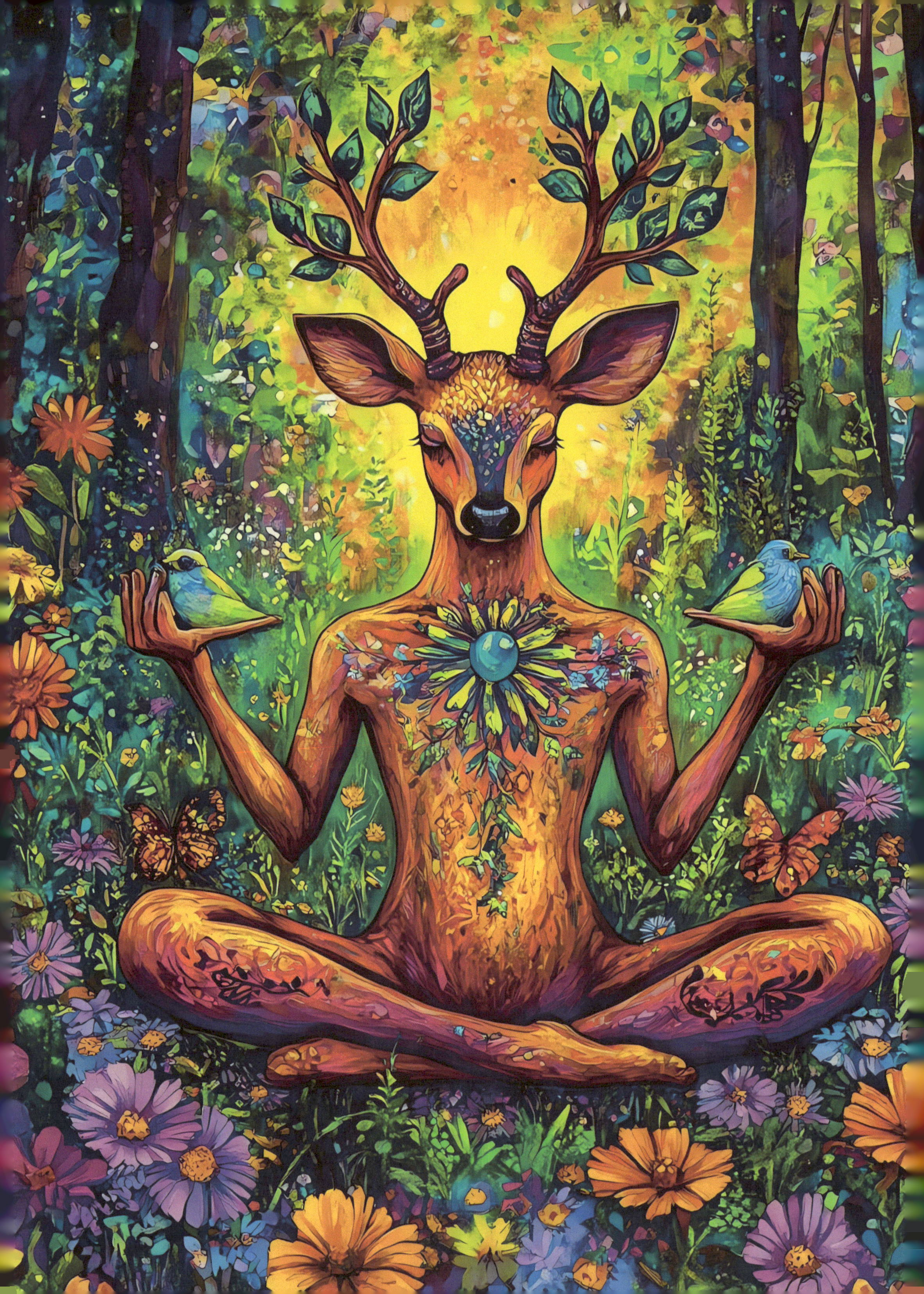

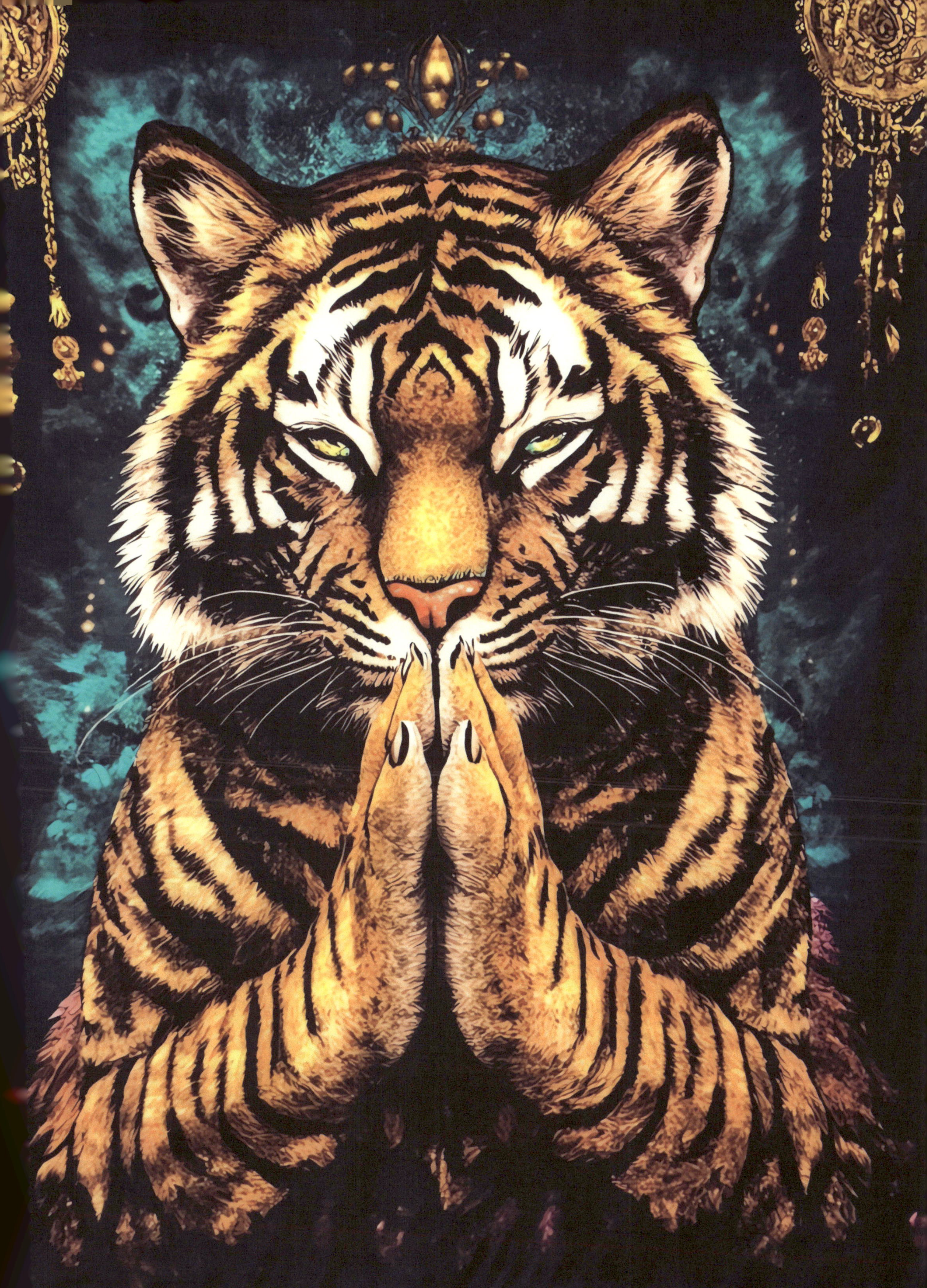

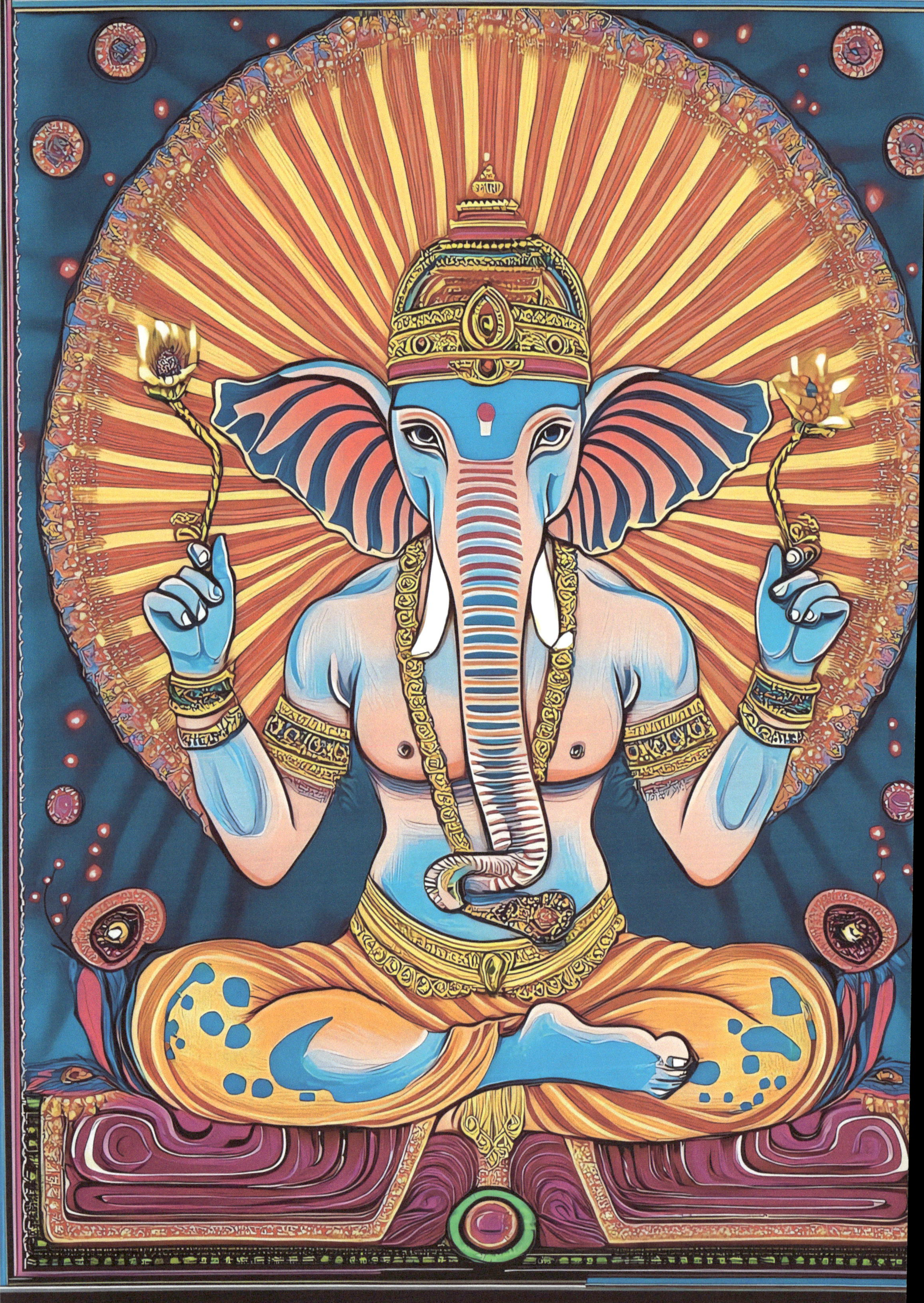

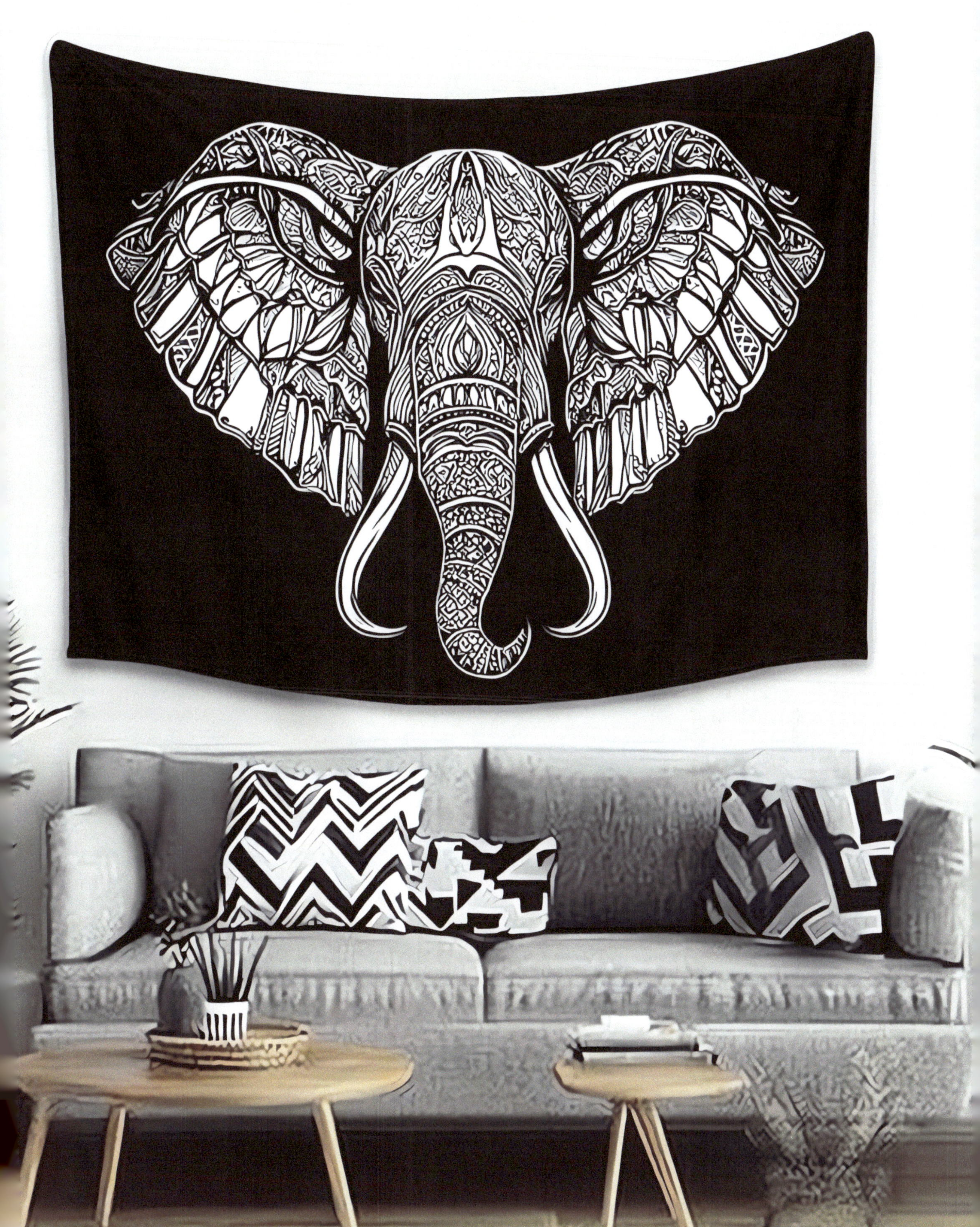

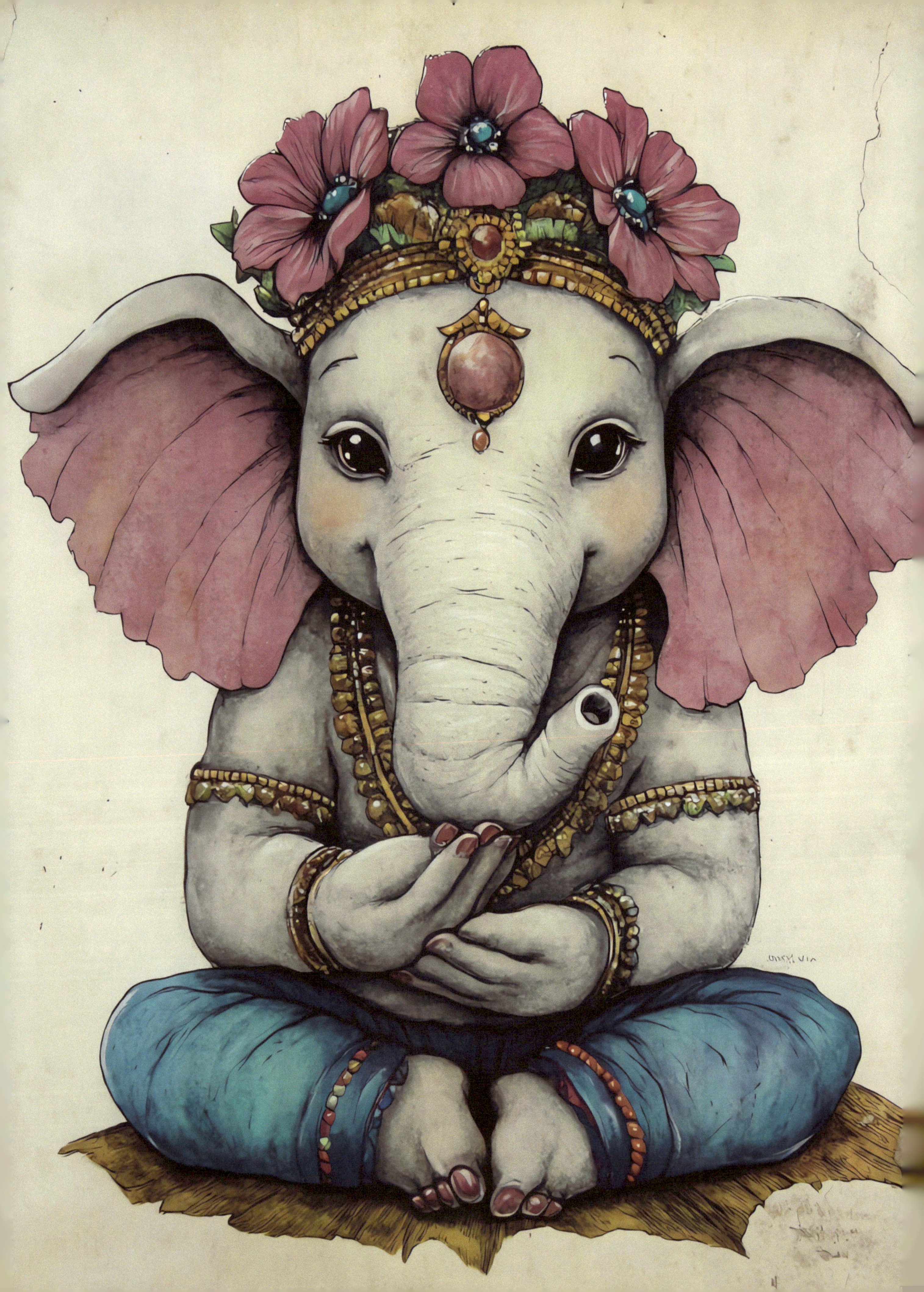

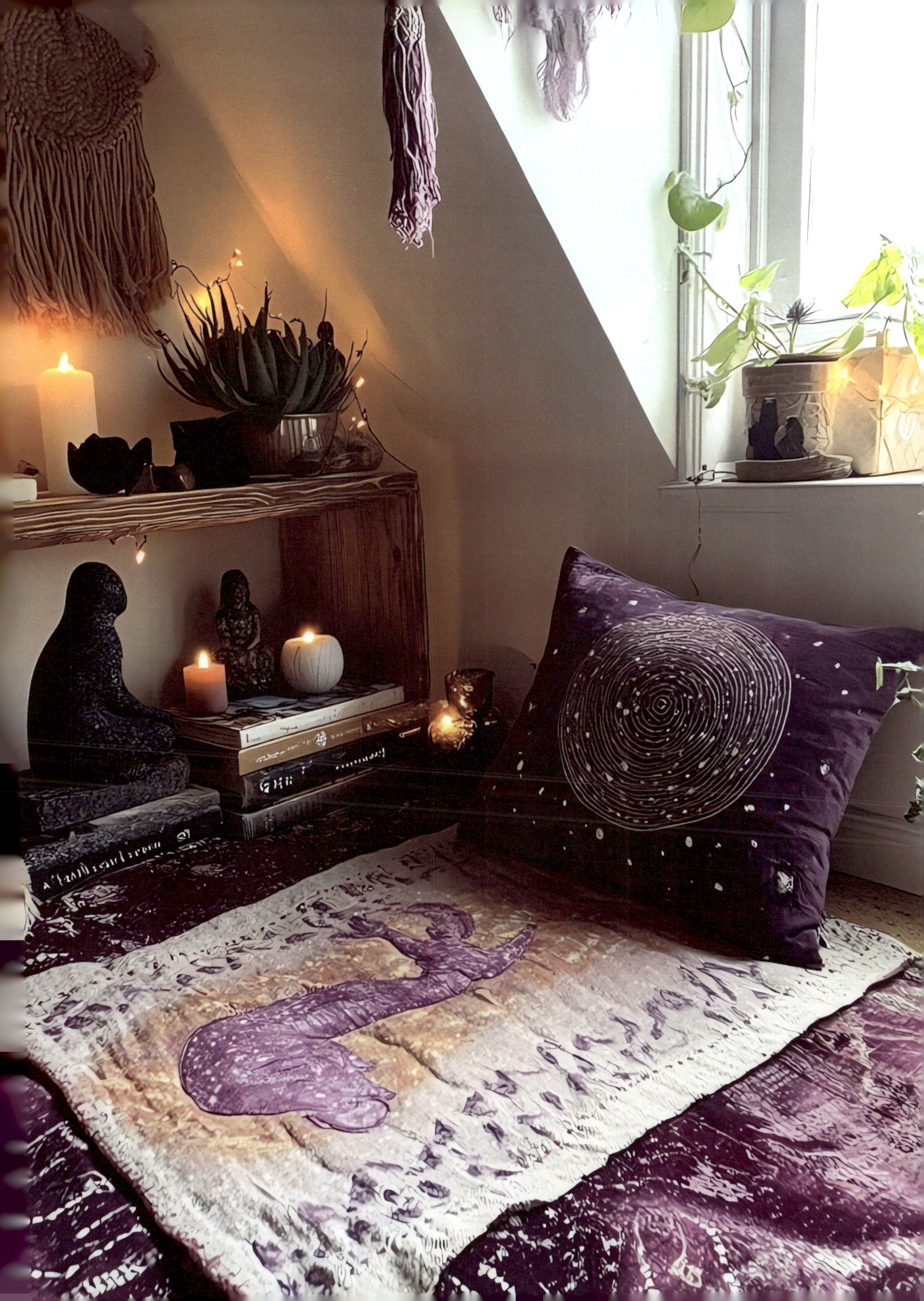

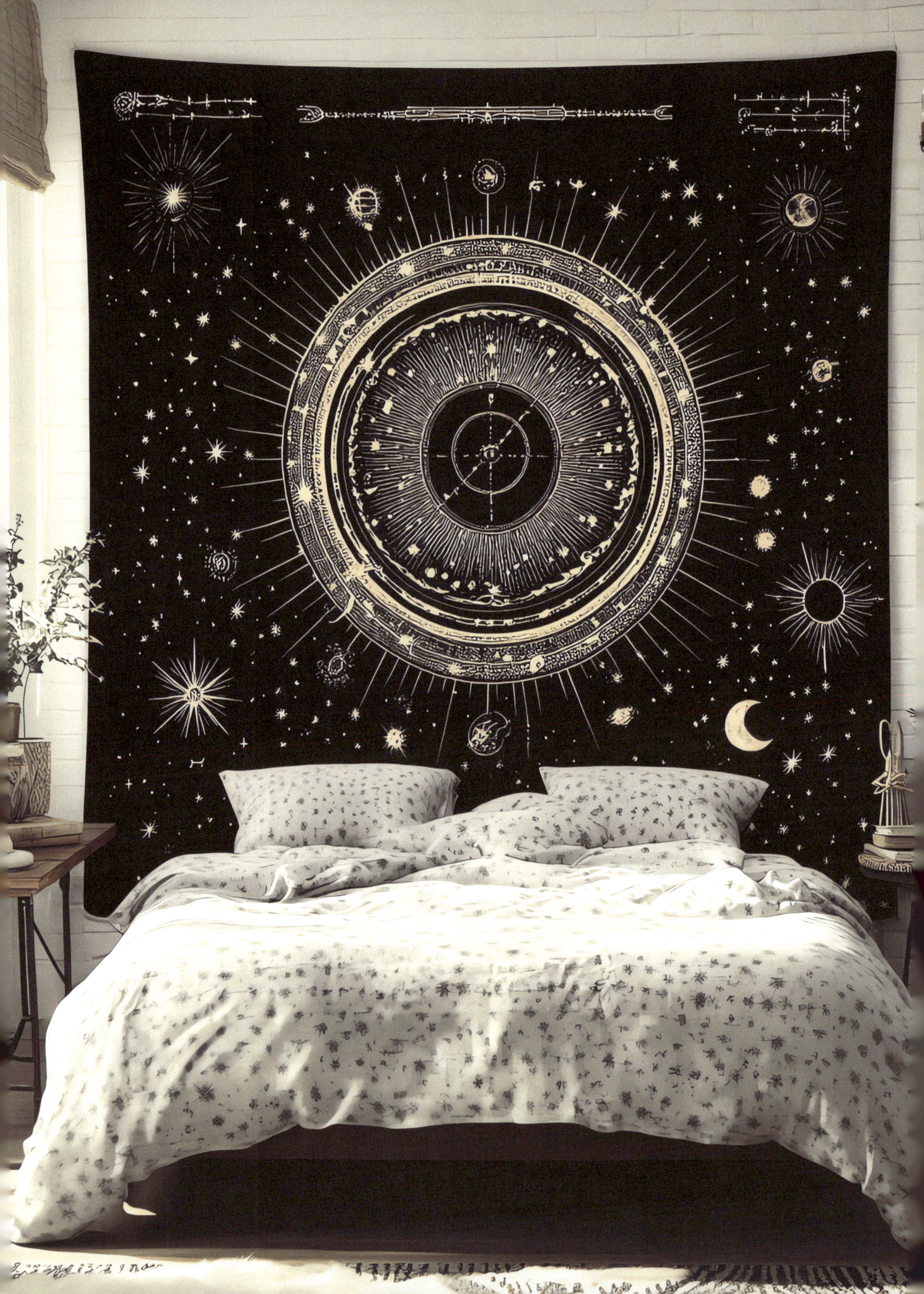

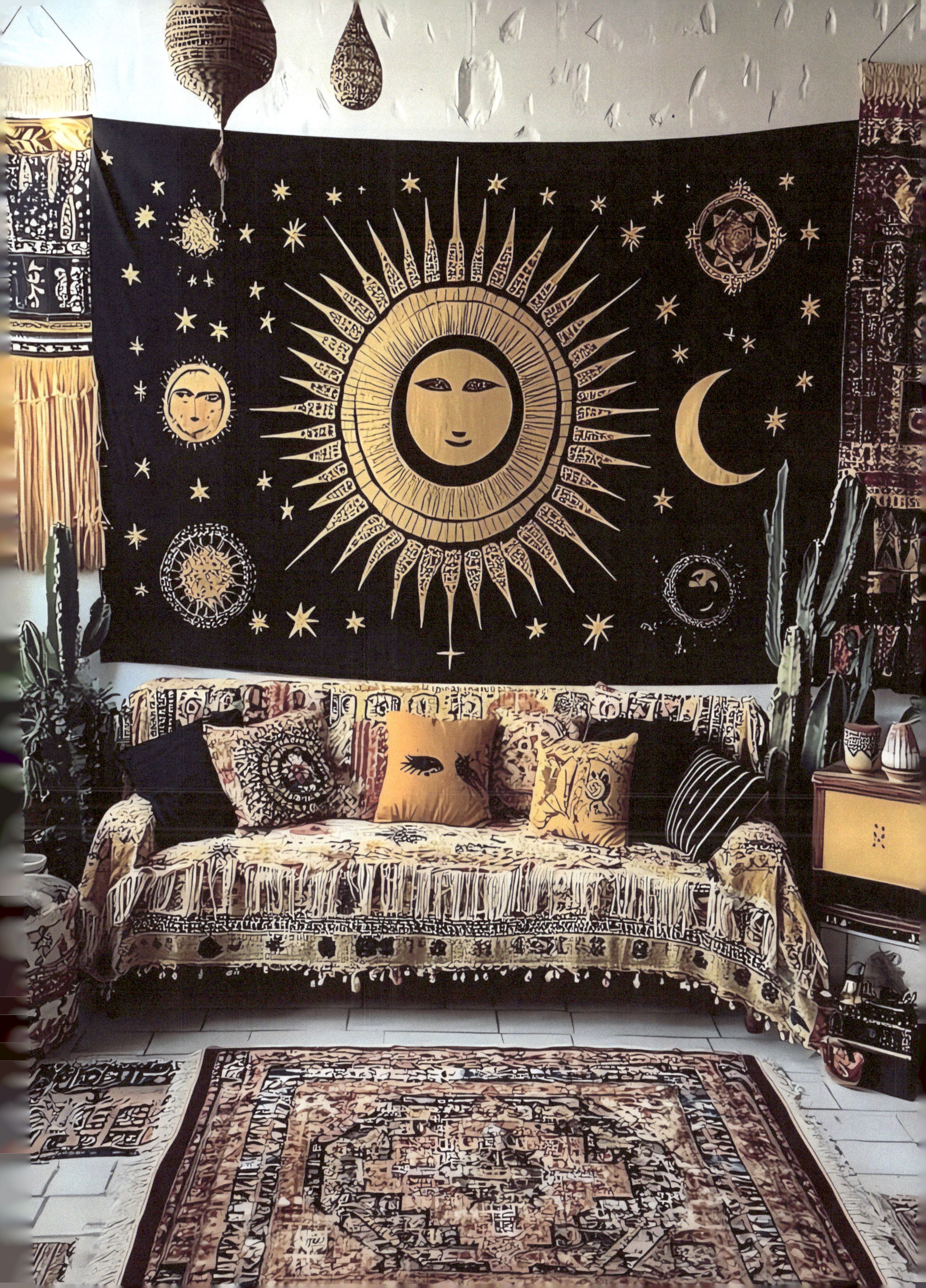

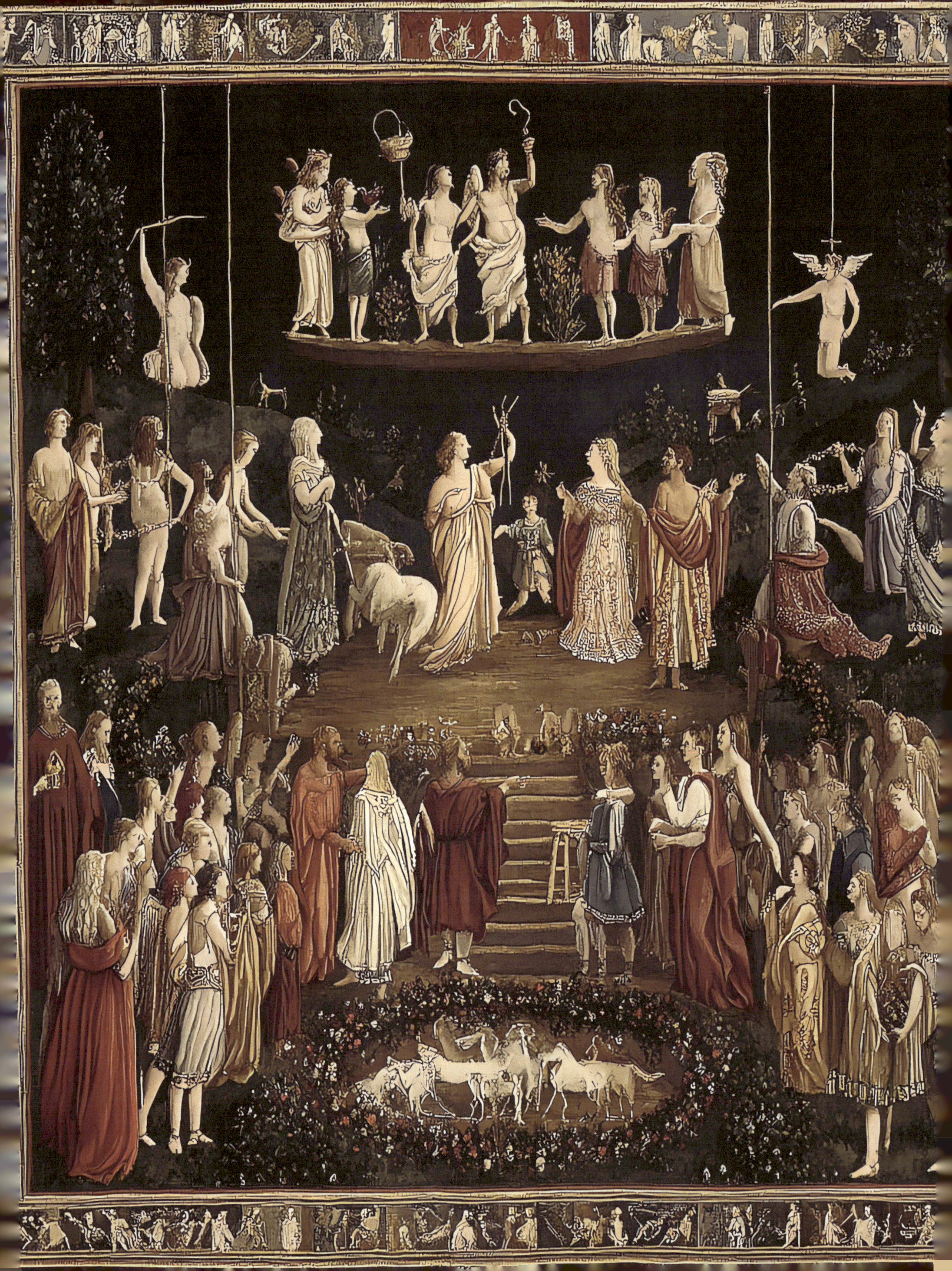

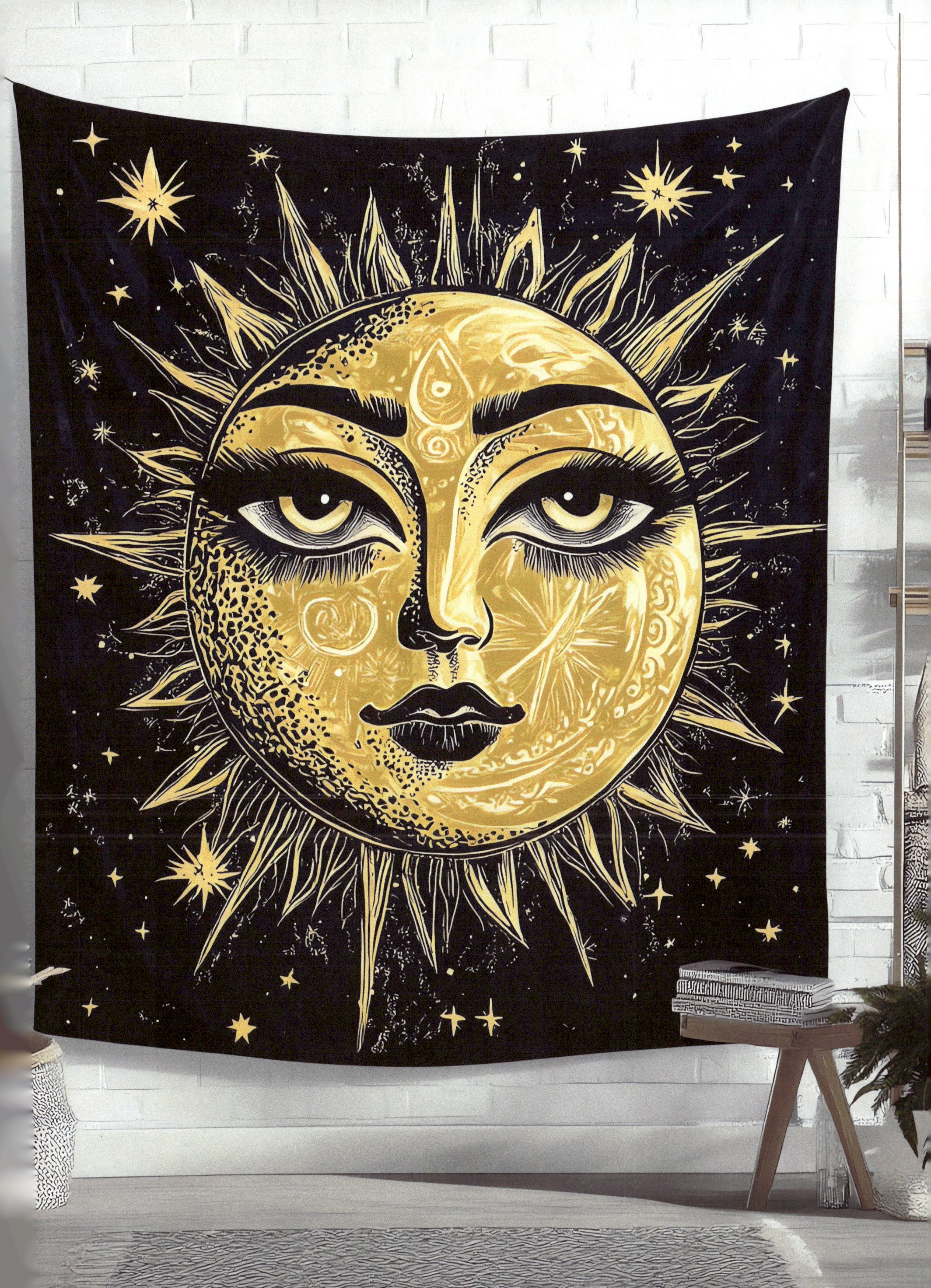

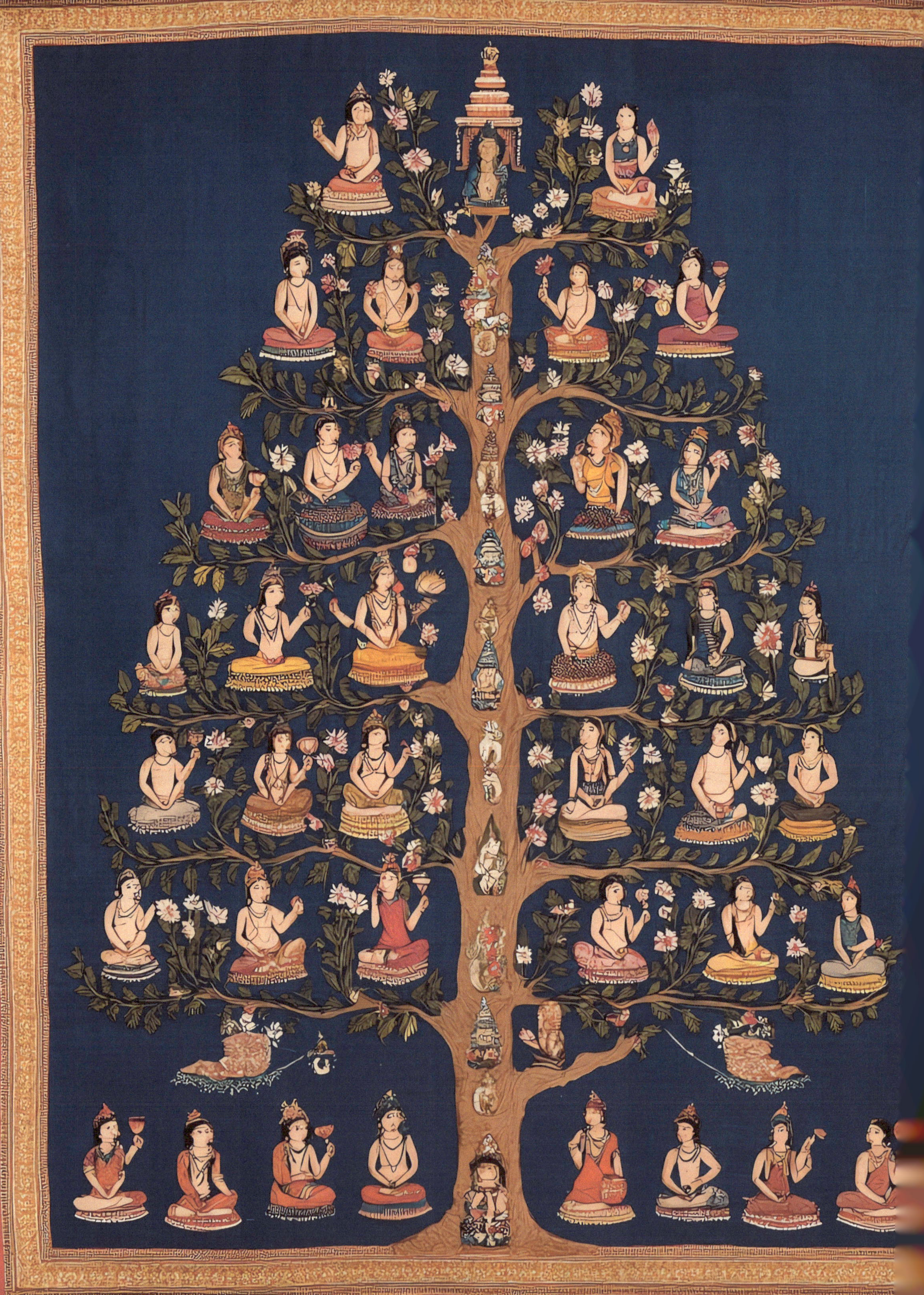

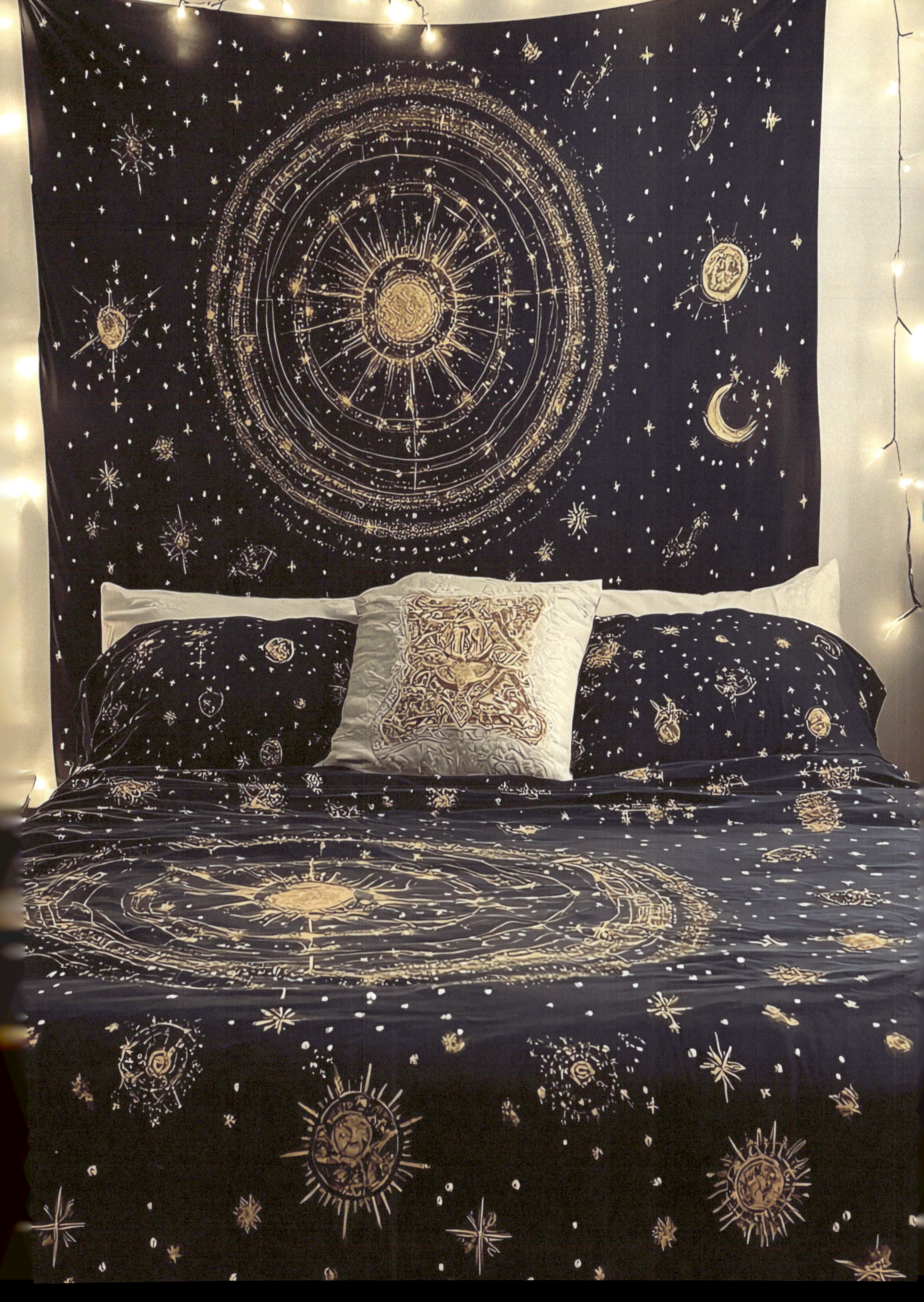

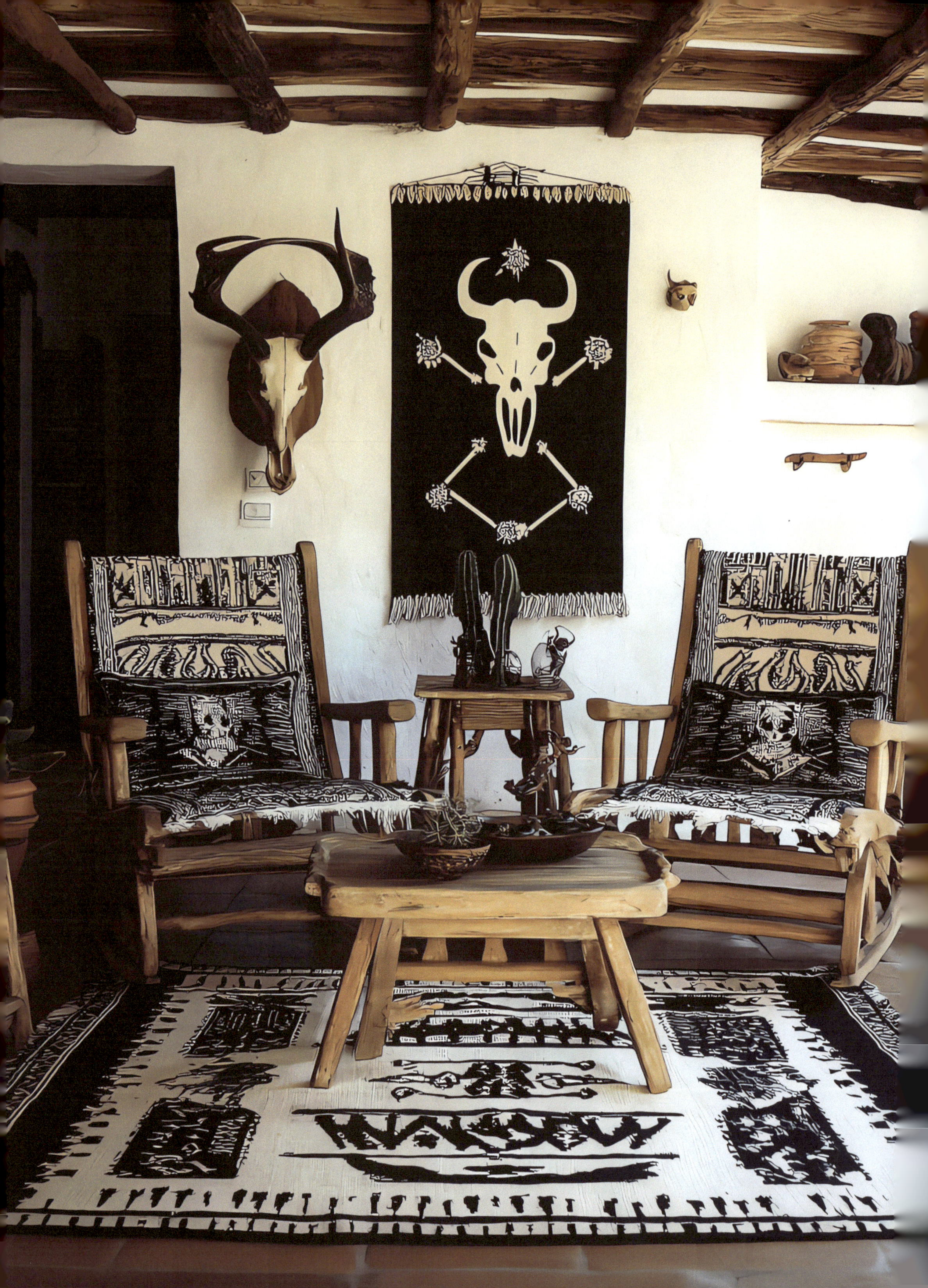

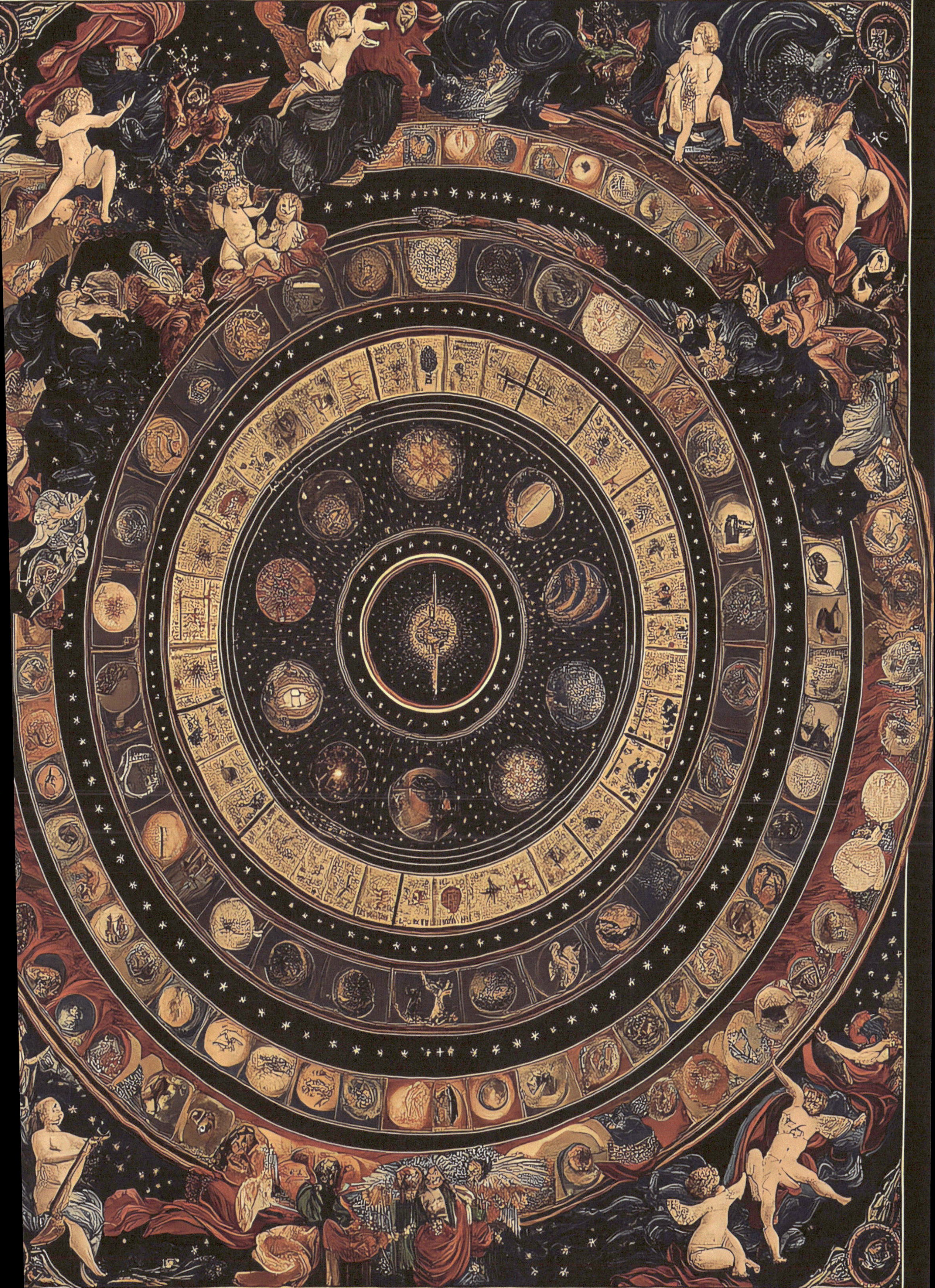

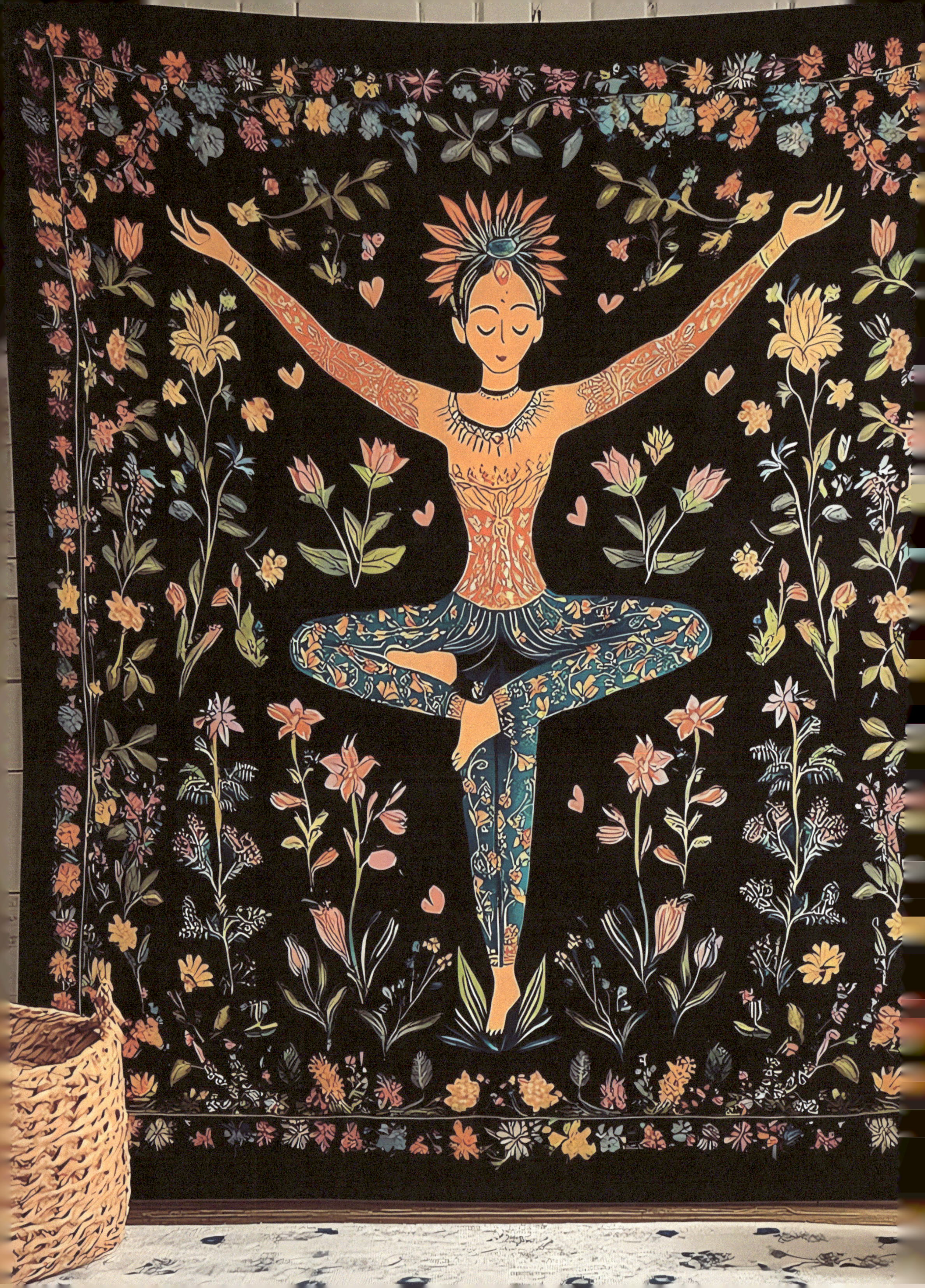

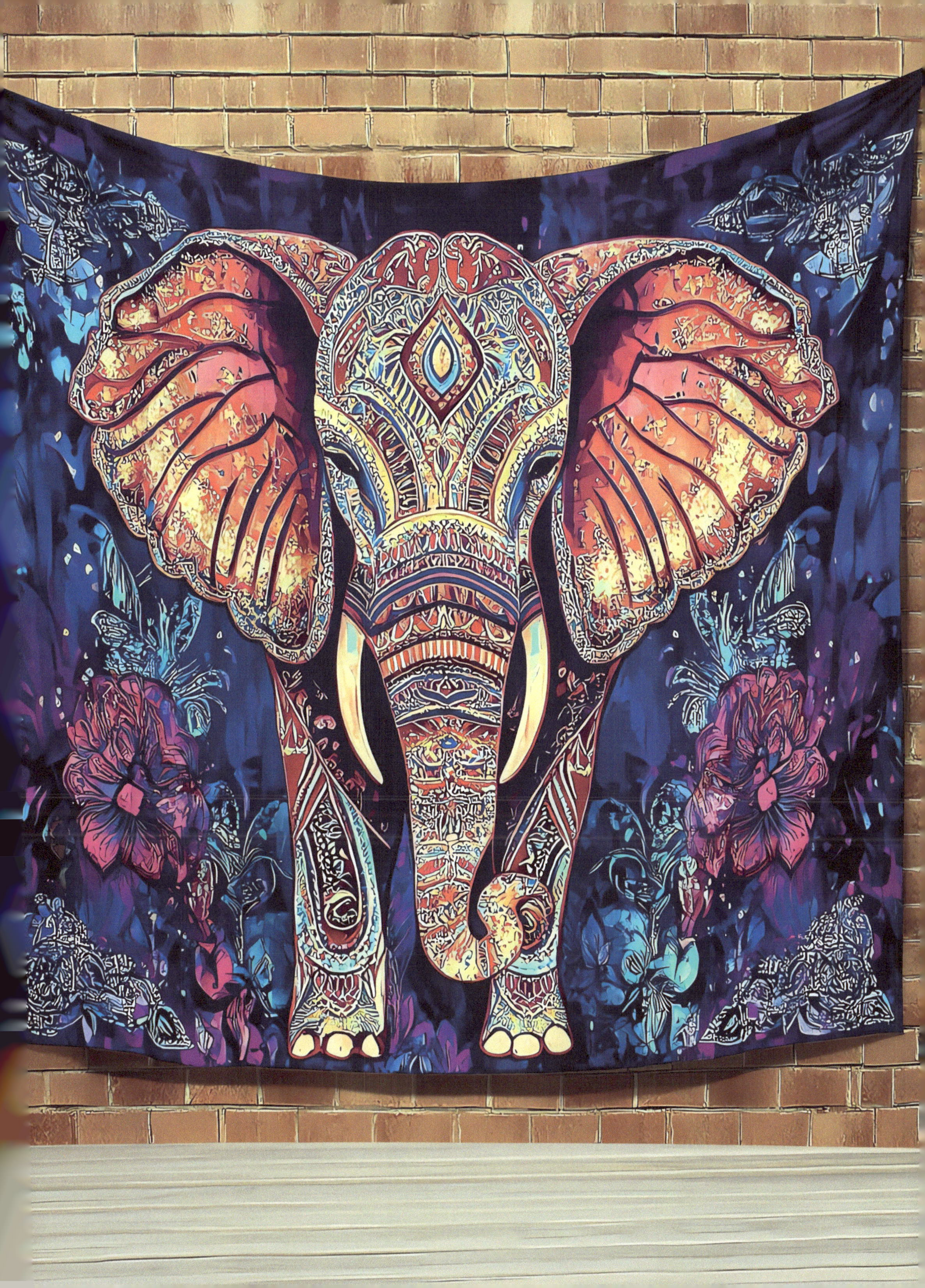

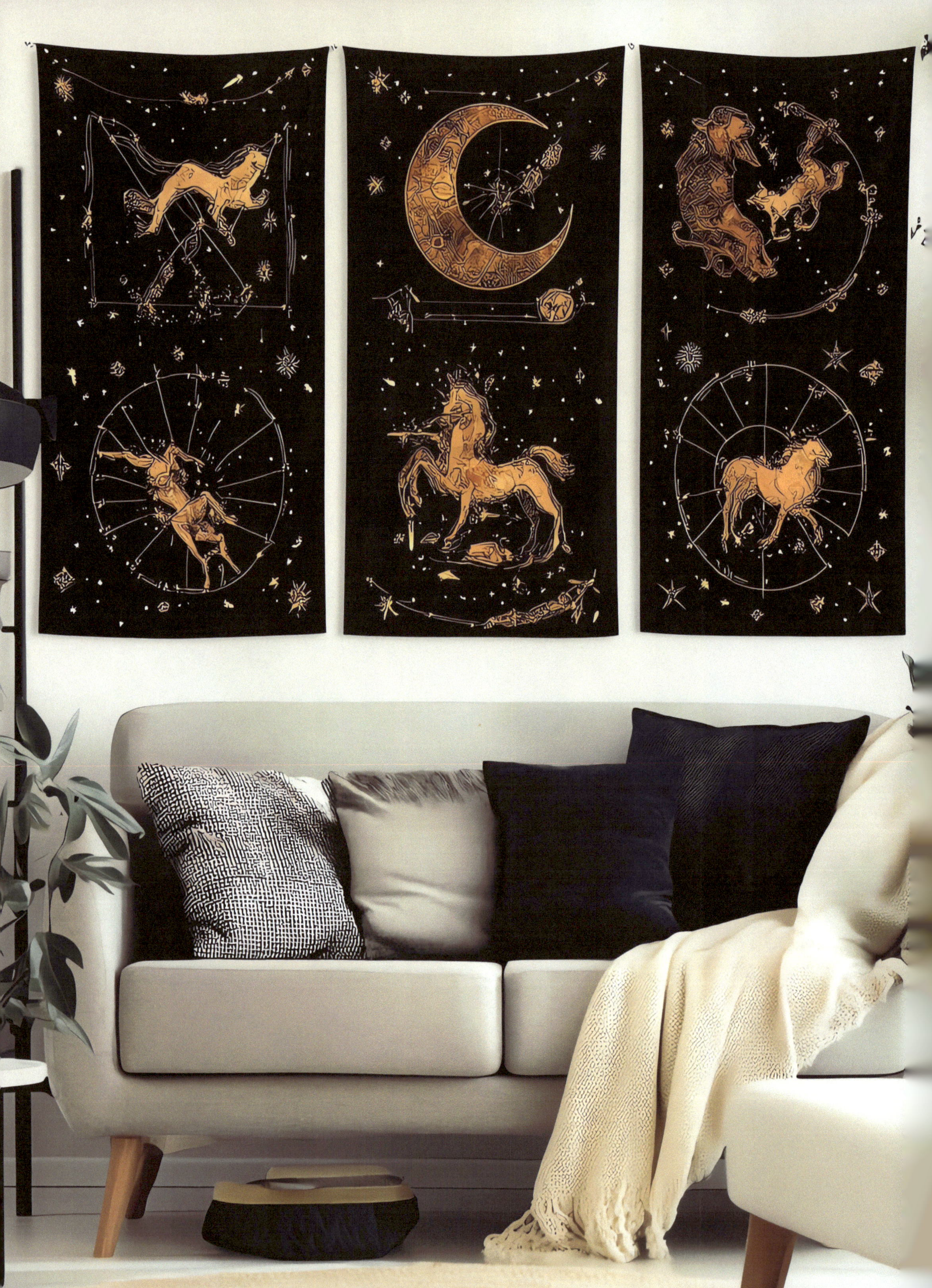

www.ingramcontent.com/pod-product-compliance
Lightning Source LLC
Chambersburg PA
CBHW040158240726
48664CB00002B/747